经营之心

The Heart Of Management

助力企业的「心」领导

[日] 稻盛和夫 /口述

日本稻盛资料馆 / 编

曹寓刚 曹岫云 / 译

人民东方出版传媒
People's Oriental Publishing & Media
东方出版社
The Oriental Press

图书在版编目（CIP）数据

经营之心：助力企业的"心"领导 /（日）稻盛和夫述；日本稻盛资料馆编；曹寓刚，曹岫云 译. —北京：东方出版社，2023.1
ISBN 978-7-5207-2067-0

Ⅰ.①经… Ⅱ.①稻…②日…③曹…④曹… Ⅲ.①企业管理—经验—日本—现代 Ⅳ.① F279.313.3

中国版本图书馆 CIP 数据核字（2022）第 220885 号

KEIEI NO KOKORO KAISHA WO NOBASU LEADERSHIP
By Kazuo INAMORI
Edited by The Inamori Library
Copyright ©2022 by KYOCERA Corporation
All rights reserved.
First original Japanese edition published by PHP Institute, Inc.,Japan.
SimplifedChinese translation rights arranged with PHP Institute, Inc.
through Hanhe International (HK) Co., Ltd.

本书中文简体字版权由汉和国际（香港）有限公司代理
中文简体字版专有权属东方出版社
著作权合同登记号 图字：01-2022-6206号

经营之心：助力企业的"心"领导
（JINGYING ZHI XIN : ZHULI QIYE DE XIN LINGDAO）

口　　述	[日]稻盛和夫
编　　者	日本稻盛资料馆
译　　者	曹寓刚　曹岫云
责任编辑	贺　方
出　　版	东方出版社
发　　行	人民东方出版传媒有限公司
地　　址	北京市东城区朝阳门内大街 166 号
邮　　编	100010
印　　刷	北京文昌阁彩色印刷有限责任公司
版　　次	2023 年 1 月第 1 版
印　　次	2023 年 3 月第 2 次印刷
印　　数	12001—17000 册
开　　本	880 毫米 × 1230 毫米　1/32
印　　张	7.5
字　　数	123 千字
书　　号	ISBN 978-7-5207-2067-0
定　　价	38.00 元

发行电话：（010）85924663　85924644　85924641

版权所有，违者必究
如有印装质量问题，我社负责调换，请拨打电话：（010）85924602　85924603

推荐序
PREFACE

理性思考和哲学思考

翻译和审译《经营之心》这本书，我依然收获良多。在这里摘其一二。

首先稻盛先生是一个科技工作者。在本书中，稻盛先生说自己具备"科学之心"，非常讲究理性。事实亦是如此，稻盛先生讲的一套理论，逻辑上没有任何矛盾，能够充分自洽。在实践中，比如在精密陶瓷的生产中，京瓷不但做到了废品率为零，而且做到了原材料消耗率为零，令人叹为观止，我称之为"双零管理"。这种水平的精益管理，可以说做到了制造业的极致。就是说，在追求科学性、合理性方面，稻盛先生接近完美。

但是，在企业经营中，仅仅讲科学，仅仅讲理性，是远远不够的。例如，京瓷是一个做陶瓷的企业，1984年规模还不是很大时，稻盛先生就创建了第二电电，挑战国家规模的通信事业。开始时，第二电电没有知识，没有技术，没有经验，没有基础设施，几乎一无所有。按照稻盛先生的说法，第二电电有的仅仅是意志，即一种强烈的愿望——降低因垄断而高得离谱的日本国民的通信费用。单从科学和理性来看，稻盛先生所说的意志和愿望以及他的"蚂蚁挑战大象"的、不自量力的行为，不仅莽撞，而且荒唐。所以那些崇尚理性的、日本社会的精英嘲笑他是"唐吉诃德挑战风车"。但结果呢？不久，稻盛先生就获得了巨大的、卓越的成功。

再比如，日航破产，日本政府恳请稻盛先生出任会长，领导日航的重建。当时稻盛先生78岁，退休了13年，对航空事业完全是门外汉，而且日航又是一个官僚和工会斗争了几十年的是非之地，舆论斥之为"魔鬼的殿堂"。如果单从理性角度分析，稻盛先生不应该去，去也没有胜算。而日本的精英社会，那些只会理性思考的人就认为，日航必将第二次破产，稻盛先生一世英名将在那里画上句号，甚至认为日本政府选错了人。在当时日本的报纸杂志上，连篇累牍，充满了资料翔实、逻辑严密的分析文章，看起来头头是道，言之有理。同时，连日航的干部也认为，日航重疴在身，病入膏肓，靠一个制造业出身的老头儿的唯心论说教，救不了日航。

但结果呢？稻盛先生进入日航的第5个月，日航就开始扭亏为盈，然后节节攀升，一年下来，利润在全世界航空业独占鳌头，而且遥遥领先，这让那些理性主义者大跌眼镜。然而，愿意相信并虚心学习稻盛利他哲学的精英人士，依然出奇地少。

再举例，稻盛先生创立京瓷时，京瓷只是一个28人的街道工厂，其中20人是初中生。当时稻盛先生没有资金、没有设备、没有人才、没有信誉，也没有多少技术，近于白手起家。但稻盛先生从公司成立第一天起，就一本正经地、不厌其烦地向员工们诉说："京瓷要成为街道第一、区域第一、京都第一、日本第一乃至世界第一。"从理性角度看，这不是荒唐无稽、痴人说梦吗？但京瓷飞速发展，没多久就成了行业的世界第一。

在本书中，稻盛先生强调，哪怕经济不景气，企业也必须确立高目标。而且目标一旦确定，就要把目标变为渗透到潜意识的、强烈而持久的愿望。只要相信自己的无限可能性，持续思考再思考，不断付出不亚于任何人的努力，不间断地钻研创新，愿望就能变为现实。这叫境由心造。稻盛先生的这一套说辞，只会理性思考的精英们无法理解，因为它超越了理性，属于哲学的范畴。

还有，在本书"仔细观察部下"一节中，稻盛先生谈到了所谓人事评价体系的问题。某些大企业的职业经理以及某些咨询公司的经营顾问这些所谓精英人士，他们自作聪明，总想为企业设计一套所谓"客观公正的人事评价体系"。有了这套体系，企业领导人乃至各级干部就轻松了——只要对照现成的体系评价考核下属，就行了。但稻盛先生认为："事情不是这样的。评价人不是这么回事。归根结底，社长必须参与到组织中去，聚会等都要出席；对于多达数百名的员工，都必须倾注心血，仔细观察。"稻盛先生强调："没有什么事情比评价人更困难的了。"别想依赖别人搞出一套可以照搬的体系，自己就可以偷懒，就可以高枕无忧了，天下没有这样的事。"仔细观察部下"这一节的精神，希望当领导的人、当干部的人认真体会。

经营之心是什么？领导力是什么？用一句大白话来概括，就是：凡事都要依据事物的本质，对照"作为人，何谓正确？"的基准，做出判断，采取行动。

除以上所述，我的收获还有很多。翻译稻盛先生的书，我感觉最受益的还是译者自己。在我看来，本书处处是宝，美不胜收。只要我们努力学习、努力实践，就能把自己的工作做得更好，让自己的人生更幸福。

曹岫云

2022 年 9 月 17 日

自　序
FORWARD

现在，因为新冠肺炎疫情的影响，企业的经营环境发生了剧烈的变化。同时，这也考验着经营者、经营干部的真正价值。

比如说，有的企业，在家上班的员工占了一大半，这时候，如何与员工进行思想交流，如何保证组织成员的一体感？另外，在"副业解禁"等新政策之下，员工与公司之间的心理距离扩大时，如何与员工共有企业理念？还有，在改革工作方式、倡导缩短工作时间的时代，如何调动员工的积极性？如何要求员工付出不亚于任何人的努力？上述每个问题都是难题。然而，在我看来，对于日本企业而言，最应该思考的是：如何培养积极进取、勇于挑战的企业家精神。

在新冠肺炎疫情肆虐的 2020 年，美国和欧洲新创业的企业数量比上一年大幅增加。人们发现以运输业和零售业为中心的新商机，把商业环境的变化看作新的成长机会。但在日本，新创企业的数量不仅没有增加，反而有减少的趋势。日本产业界的创业欲望原本就不旺盛，在世界发达国家中亦处于低位。

这是为什么呢？日本自从泡沫经济破灭之后，经济增长陷于停滞，产业界乃至整个社会都笼罩着闭塞的氛围。二战后拉动日本经济的大企业面临存亡的危机，其中有的甚至已经消失，或者已经被收购。而这些代表日本的著名企业的陨落，也减弱了年轻人创业的热情。

再则，2011年东日本大地震以来，同情、哀伤、慈爱的感情在日本社会蔓延。当然，关心、体贴他人的美好心灵，对于个人，对于社会都很重要，是必不可缺的。然而，如果只是抱有这样的感情，企业和国家只会在竞争中不断衰退。换言之，不要因时代的变化而垂头丧气，不要把逆境视为畏途，要像不死鸟一样，不断尝试再度飞翔。这种强劲坚韧的精神，在变革时期是必不可少的。

本来，所谓经营，就是"战斗"。在京瓷还是中小企业的时候，面对无法确保完成销售任务的营业人员，我曾经严厉地叱责激励："如果你们在市场上落败而归，我就用机关枪迎面扫射。反正向后退却也是死路一条，你们就抱着必死的气概向前冲杀吧！"我的语言虽然粗野，但企业经营缺不了这种激烈的斗争心。因为这不是为了自己赚钱，而是为了众多员工的幸福。

我确信，追求企业员工及其家人长期的、物质和精神两方面的幸福，就是企业经营的目的。因此，为了实现这个目的，经营者面对经营环境的变化，绝对不能言败。必须具备格斗士般的斗志，无论如何都要引领企业不断成长。这种激烈、强烈的"燃烧的斗魂"，才是创业和经营的最大推动力。

我认为，人可以分为自燃性、可燃性、不燃性三种。首先，创立风险企业，或在企业经营刚开始时，挖掘自燃性的人才是当务之急。通过对年轻人进行创业的启蒙教育，从而实现对"企业经营意义"的启蒙，进而唤起原本就具备斗争精神和挑战精神的人。同时，让风险投资在背后强有力地支持他们。

另外，激活企业的内部人才，也是当务之急。在大企业里，虽然有属于可燃性、且极为优秀的人才，但大部分并没有获得重用，才能处于被埋没的状态。为此，经营者首先要率先垂范，展现奋勇开拓的精神，与此同时，还要利用一切机会鼓励员工，给他们机会，在他们心中点燃挑战的火种。

如果有许多自燃性和可燃性人才奋起的话，不燃性的人才应该也会一起发光发热。必须要通过这样的努力，让日本的经济社会再次生气勃勃，充满冲劲儿。

在这个大变革的时期，对每一位经营者和经营干部都提出了要求，那就是不能迷失经营的本质。在经营环境发生重大变化之际，经营之舵容易左右摇摆，如果摇摆过了头，经营的原理原则也会动摇，而这是不允许的。只要经营还是把人结聚起来、团队配合的行动，那么，立足于正确做人的原理原则基础之上的、经营的思维方式及其方法论，不管时代如何变迁，都是持续有效的，这一点不应置疑。

在策划本书时，本书被视为已出版的《付出不亚于任何人的努力：助力事业的"心"领导》一书的续篇。《付出不亚于任何人的努力：助力事业的"心"领导》这本书，作为"职场领导读本"问世，面向的是包括初级管理者在内的现场负责人。而这本《经营之心：助力企业的"心"领导》作为"经营领导读本"付梓出版，面向的是企业经营者和经营干部。

我在京瓷、KDDI和日航的经营中，不断追问"作为人，何谓正确？"，努力用正确的方式将正确的事情贯彻到底。本书分成四个部分，分别从"统率众人""拓展事业""激活组织""开拓未来"这四个经营侧面，介绍我在上述企业经营中的基本思维方式和具体手法。

本书所有内容，都基于我在公司内外各种场景中的讲话记录，其中也有相当久远的内容，当时的企业发展环境和今天有巨大的区别。然而，正因为变化激烈，所以更不能动摇中轴；正因身处混迷的旋涡，难以展望未来，所以回到原点，确认根本的原理原则，就更为重要。

浏览本书目录，所见皆是关于经营"原点"的题目。在半个世纪以上的时间里，我都站在经营的最前线，每一天都在不断追问"企业应该如何存在？""经营应该如何开展？"随后，我将自己亲身实践，并确信不疑的那一部分，提供给有需求的人。正因为本书基于我的上述经历以及口述记录，所以可以说本书是一本记载了我关于经营"信念"的书。

近来，我听说有很多经营者和经营干部，在剧烈的环境变化中，苦于探寻企业的经营之道，苦思如何才能掌握好经营之舵。为此，我衷心祈愿，对于今后肩负日本经济社会发展之重任的年轻领导者，本书可以成为其开辟全新道路的契机。

京瓷名誉会长 稻盛和夫
2021 年 10 月吉日

目 录
CONTENTS

第一部分 统率众人之心

第一章 以心为本开展经营 ⋯⋯⋯⋯ 3

1 打造心心相通、以心相连的团队 ⋯⋯⋯ 4
2 互相感谢，互尽诚意 ⋯⋯⋯⋯⋯ 7
3 不断提升自己的哲学和理念 ⋯⋯⋯ 10
4 未来由今后的努力所决定 ⋯⋯⋯⋯ 15
5 理解人心，调动干劲儿 ⋯⋯⋯⋯ 22

第二章 以大家族主义开展经营 ⋯⋯⋯ 27

6 与员工建立家人般的关系 ⋯⋯⋯⋯ 28
7 真正的关怀成就卓越企业 ⋯⋯⋯⋯ 33

第三章 贯彻实力主义 ⋯⋯⋯⋯ 37

8 不唯绩效主义，而重实力主义 ⋯⋯⋯ 38

9　领导者必备的资质 ·················· 41

10　在斥责和被斥责中，构建卓越的人际关系 ·················· 45

11　仔细观察部下 ·················· 49

第二部分　拓展事业之心

第一章　遵循原理原则 ·················· 57

12　将正确的事情以正确的方式贯彻到底 ·················· 58

13　回归原点思考 ·················· 62

14　从本质思考，做出判断 ·················· 66

15　正确判断需要的思考流程 ·················· 72

第二章　光明正大地追求利润 ·················· 77

16　不追求浮利 ·················· 78

17　追求利润的目的与意义 ·················· 82

18　销售最大化，费用最小化 ·················· 85

19　内部留存充足，保障员工生活 ·················· 90

20　未雨绸缪，应对萧条 ·················· 92

21　践行"利他" ·················· 97

第三章　贯彻顾客第一主义 ·················· 101

22　感谢客户 ·················· 102

23　甘当客户的仆人 ·················· 107

24　受到客户的信赖和尊敬 ·················· 111

第三部分　激活组织之心

第一章　重视伙伴关系 ⋯⋯⋯⋯⋯⋯ 117

25　与伙伴甘苦与共 ⋯⋯⋯⋯⋯ 118
26　经营的目的首先就是员工的幸福 ⋯⋯⋯⋯⋯ 124
27　不辜负信任的经营 ⋯⋯⋯⋯⋯ 128
28　共建卓越企业 ⋯⋯⋯⋯⋯ 133

第二章　全员参与经营 ⋯⋯⋯⋯⋯ 139

29　培育具备经营者意识的人才 ⋯⋯⋯⋯⋯ 140
30　全员一起做出结果 ⋯⋯⋯⋯⋯ 143
31　提高员工的干劲儿 ⋯⋯⋯⋯⋯ 147

第三章　统一方向，形成合力 ⋯⋯⋯⋯⋯ 151

32　全员统一方向 ⋯⋯⋯⋯⋯ 152
33　珍惜传递"想法"的机会 ⋯⋯⋯⋯⋯ 155

第四章　玻璃般透明的经营 ⋯⋯⋯⋯⋯ 159

34　以透明经营为目标 ⋯⋯⋯⋯⋯ 160
35　确立光明正大的企业风气 ⋯⋯⋯⋯⋯ 164

第四部分　开拓未来之心

第一章　重视独创性 ·············· 169

36　兼备合理性与人格 ·············· 170
37　变假为真 ·············· 176
38　成为创新型领导者 ·············· 179
39　拥有燃烧般的热情和激情 ·············· 182
40　日日创新 ·············· 185
41　成为"有知识的野蛮人" ·············· 188

第二章　设定高目标 ·············· 193

42　成长的力量源泉是梦想、愿望和愿景 ·············· 194
43　成功的关键 ·············· 197
44　怀有渗透至潜意识的强烈而持久的愿望 ·············· 200
45　坚定相信，下定决心 ·············· 204
46　明确设定具体的目标 ·············· 208
47　致领导者们——首先确立卓越的哲学！ ·············· 210

附录·出处一览 ·············· 213

译者导读　领导力的本质 ·············· 217

第一部分 1
—— 统率众人之心 ——

— #

第一章 以心为本开展经营

1 打造心心相通、以心相连的团队

> 在企业经营中,钱和物虽然都很重要,但最坚韧、最可靠的还是"人心"。因此,应该聚焦打造心心相连的、坚固的团队,以人心为本开展经营。

京瓷公司起步时,资本金是 300 万日元,加上支援我的恩人以个人名义担保从银行借来的 1000 万日元贷款,启动资金总计 1300 万日元。企业刚刚诞生,当然没有人才,也缺乏资金,在这种情形下,经营企业究竟应该以什么为本?我经常与一起创业的前公司上司(现任京瓷顾问)讨论这个问题。

例如,创业第一年就有了利润。利润用在哪里呢?这位顾问说:"经营企业最重要的还是钱和物,把利润作为企业内部留存吧!"对此,我回答:"不,好不容易产生了利润,还是分给员工吧。"

当时,我是这样思考的:钱和物确实很重要,但是,这些东西都是靠不住的。最可靠的、今后必须依靠的,正是"人心"。翻看日本的历史乃至世界的历史,无数事例表明,人心极不可靠、极不稳定;但同时,因人心不动如山而形成了强大的力量,这样的事例也不在少数。

确实，人心易变，人心难测，但另一方面，也没有任何东西可以像人心一样坚强可靠。我认为，我就应该以这种比钱和物都更强大、可靠的人心为本，开展经营。

自那时起，我们就一直坚持以心为本的经营。在经营企业时，我们一直聚焦在"怎么做才能建立牢固的信赖关系""怎么做才能打造以心相连的团队"这些问题上。

我想，这就是所说的"心心相通"吧。俗话说，"想要被人爱，先要爱别人"。要做到心心相通，经营者作为组织的中心人物，首先自己必须具备高尚的心性，才能吸引其他具备高尚心性的人，将他们凝聚到自己身边。我是这样理解"心心相通"的。因此，作为经营者的我，首先必须戒除自己的任性和随意。

同时，为了把大家的心团结在一起，经营者自己必须摒除私心。为了这个以心凝聚起来的团队，我必须拼上性命，为员工倾尽全力。我这么说，或许显得老套，但我就是这么想的，也是这么做的。相互信任的伙伴们聚集在一起，奋斗至今。

幸运的是，创业时就赶来参与的同志，以及此后加入的众多的伙伴们，大家都同样为了这个集团，不惜拼上性命，为了这个心心相印的团队，都愿意竭尽全力。当然，我自己也早已向大家表明了拼命奋斗的意愿，并在企业经营及日常工作中付诸实施。

就这样，我们的企业以创新企业的形态，也就是作为所谓技术领先型企业起步，走到了今天，并在社会上得到了一定的认可，被认为是一家发展良好、相当成功的企业。但我认为，这种成功，与其说是因为技术领先，不如说因为我们的经营是以心为本的经营，我们的团队是相互信任的团队。这是一个更重要的方面。我认为，以心为本的经营与技术领先的路线，相辅相成，才带来了今天的成就。

虽说"心可唤心"，但归根到底，作为经营者，自己必须拥有美好的"心根"。而这与所谓的关爱、体谅以及宗教所说的慈悲心等，都是一回事。此外，经营者一定还要摒弃私心，具备为大家尽力的牺牲精神。我认为，这种精神对经营者来说，是绝对必要的。

（1973年）

2 互相感谢，互尽诚意

> 社长认为："为了这些尽职的优秀员工，不管付出怎样的辛苦，我都心甘情愿。"员工认为："为了这么好的社长，再困难的工作，我也要千方百计去完成。"我要求实行的，就是这种"为彼此尽力"的人生态度。

京瓷把企业的经营理念确定为："在追求全体员工物质和精神两方面幸福的同时，为人类社会的进步发展做出贡献。"同时，也明确了为实现这个经营理念所需要的经营手段。

第一，提供深受顾客喜爱的产品（满怀情意的产品），以及充满诚意的服务。换言之，就是向客户提供质优价廉的产品，并不断开发新技术，提供更加优良的新产品，由此来保证业务的顺利拓展，并获得合理的利益。我常说"满怀情意的产品、倾注了真心的产品"。产品是否满怀情意，是否倾注了真心，一眼就能看出来。拼命制造好产品，以便宜的价格售出，就能让客户欢喜。最终我们也能获得合理的利润。

第二，在公司内部，相互之间怀有感谢报恩之心，互尽诚意。心心相连，互相信赖，并以此为基础，以不搞对立、互帮互助的大家族主义开展工作。

这里用了"感谢报恩之心"这个说法。这里的意思是，对于现在能够如此活着，发自内心地感谢。我们必须成为具备感谢之心、随时能够表达感谢的人。

无论身处何种境遇都能表达感谢的人，就不会总是愤愤不平，满腹牢骚，而总是在心中涌现"要更加努力啊！"这种神清气爽的心情。我这么说，听起来似乎很不科学，但事实并非如此。对自己的现状满怀感谢，对神、对天、对任何事物都充满感谢之心。只要具备这种感谢之心，就会感觉一切都很难得，那么，苦恼和郁愤自然就烟消云散，心中也不会再产生不满，心灵就会逐渐变得清澈美好，进而就会更努力地投入工作。

我认为，感谢之心非常重要。如果互相信任的伙伴之间能够做到互相感谢，互尽诚意的话，那么，"为了伙伴，再苦也要尽力"这样的心情就会油然而生。

在公司内部，社长认为："为了这些尽职的优秀员工，不管付出怎样的辛苦，我都心甘情愿。"员工认为："为了这么好的社长，再困难的工作，我也要千方百计去完成。"所谓为彼此尽力，就是彼此间以诚相待的人生态度。这样就不会产生对立。这些不是嘴上说说而已，必须靠实践去证明。

实现京瓷公司经营理念的上述手段，非常简单，是哪儿都能看到的、理所当然的内容。然而，把它提升到哲学的高度、并切实实践的团队却十分罕见。我们集团把这种手段归纳到哲学层面，不断提升，并付诸实践。正因如此，那些被称为奇迹般的成功，才得以实现。

单纯的事物中蕴含着真理，但真正用心理解这种真理并付诸实践的集团少之又少，这就是我们与其他企业产生差距的根本所在。

（1984年）

3 不断提升自己的哲学和理念

经营者在经营企业时,是以自己的哲学、理念为坐标轴进行判断的。糟糕的判断也好,出色的判断也好,所有的判断累积起来,就形成了现在的结果。因此,把自己的哲学、理念提升至更高的水准,就显得非常重要。

我认为,粗略划分,人的判断基准大致可以分为三种。

第一种是以本能心为基准进行的判断。所谓本能,就是人为了维系和保护自己肉体,被赋予的一种能力。所以这是一种利己的、主观的坐标轴,它以利害得失作为判断的基准。

在企业经营中,如果缺乏资金的话,那么不管怎么说,也难以给员工涨工资,发奖金;如果没有利润的话,企业也无从承担企业责任,做出社会贡献,因此,企业首先得追求利润,这是理所当然的。但是,正因为持有这样的心,我们往往就会以利害得失做基准来判断事物。

对于我们这样的企业经营者,经常会有人提出投资股票或土地买卖的建议,告诉我们"这能赚大钱"。例如,有一种通称为 M 资金的款项,说是战后美国占领军留下了庞大的资金,因为你的公司很优秀，所以可以给你提供几千亿日元的融资。如此不靠谱的话题，却由颇具社会地位的人向我提出。我表示"毫无兴趣"，并予以拒绝，但还是不断有相关信件寄来。难道真会有人相信这种愚蠢透顶的谎言吗？我觉得不可思议。结果后来在报纸上看到报道，居然有大公司的大人物上当受骗，遭受了欺诈。

人在不知不觉间，就会被"能赚大钱"这类诱惑蒙蔽了双眼。这是因为这时的判断，依据的是本能心这种利己的、主观的坐标轴。而且，这往往还跟追求地位、名誉的欲望相关。考虑到或许可以获得更高的地位，所以上当受骗的可能性充分存在。此外，还有人以"对自己是否有利"作为判断基准。或者在人事等方面，判断被个人的好恶所左右。这种以本能心来判断事物的方式是要不得的。

第二种是用理性来判断事物。这种判断方式的确是客观的，不同于前面所说的主观的、利己的判断基准。但事实上，所谓"客观的"，其实也是"相对的"。

遇到问题时，这样的人会对事情进行详细分析。当需要做出某个决断或判断时，除了仔细分析状况外，还需要加上各种推理和推论。但是，仅靠这些是下不了决心的。不管分析得多么缜密,展开怎样的推理、推论,仅凭这些还是无法做出决断或判断。我们公司这种类型的人就不在少数,我把他们称为"状况应对型"或"状况分析型"的人。

没有一个时代像今天这样,经济环境的变化令人眼花缭乱。到昨天为止还是1美元兑换240日元的汇率,转眼间就急升至1美元兑换160日元;曾经十分畅销、供不应求的半导体突然就卖不动了,严重的状况出人意料。这时候,这种"状况应对型"或"状况分析型"的人,在分析方面花费大量的时间,但结果却是左右为难,进退失据。

因为经常从年轻员工处听取这样的汇报,所以我就会问他们:"那么你打算怎么办呢?"换句话问,就是"情况已经明白了,虽然明白了,但你打算怎么做?"对方竟无法回答,只会说:"这个嘛,情况严重,非常难办。"

我还把这样的人称为"无根之草",所谓"无根之草",就是这种人忘记把灵魂搁在了哪儿。这种人非常理性,头脑聪明,才智出众,但却把自己的灵魂忘在了某处。尽管状况分析和推理推论都很重要,但比这些更重要的是,唤醒自己的灵魂,问一问自己的灵魂到底想要什么。

第三种，我称之为原理原则型，就是把发自灵魂的信念，或者说基于灵魂发出的意志，作为判断的基准。在作判断的时候，虽然会以当时的状况作为参考，但不管何种状况，都要与自己的灵魂相连接，追问"作为人，何谓正确？"追问是否符合人间正道。从更高的层面来说，追问是否符合天道、是否符合宇宙的法则，以此作为判断的基准。

不以本能心做判断，也就是不做主观的、利己的判断，而是仔细倾听自己真实的声音，仔细倾听远超自我灵魂的声音。不以自己的利害得失，而以"作为人，何谓正确？"为判断基准。换言之，这就是"利他"，就是利益他人之心，就是爱，就是佛教所说的慈悲心。要以此为根基做出判断。

大体上，判断基准就是上述三种。那么，我们自己是以哪种基准进行经营判断的呢？应该既有人用第一种，也有人用第二种，还有人用第三种吧。

我总是强调在企业经营中，企业理念、企业哲学、经营哲学多么重要。那是因为经营者在经营企业时，总是以自己的哲学、理念、坐标轴为根基做出判断。这种情况下，我们有时会做出非常糟糕的判断，有时又会做出非常出色的判断。这些判断的积累，就导致企业现在的经营状况。

这样说来，提升企业中那些看不见的部分，也就是提升经营者秉持的哲学、理念，就显得非常必要。我们必须将其提升到更高的水准。为此，就必须时时提升自我，也就是提高人格，提高做人的修养。对于我们经营者而言，这是非常重要的。

（1986年）

4　未来由今后的努力所决定

> 我希望你们成为受部下信赖和尊敬的领导者。为此，"要谦虚，不要骄傲"这一态度必不可缺。在此基础上，还要持续地付出无止境的努力。这是非常重要的。

领导者不可忘记的是"提高心性"。盛和塾【1983年到2019年期间年轻经营者学习稻盛思想的学习会（仅指日本）。——译者注】的口号就是"提高心性，拓展经营"。这句话表明，只要"提高心性"就能引领组织走向永续的成长发展。在遭受苦难时，能够忍受，拼命努力，而且在忍受和努力的过程中，心中始终保持正确的、美好的、善良的思想。我认为，我们必须做出努力，让自己成长为这样的人。

听盛和塾的某位经营者说，我曾说过"回顾自己的前半生，那是'持续提升理念的每一天'"。

我从年轻时起，枕边就放着几十本与哲学或宗教相关的书籍，每天睡前都会特意翻阅几页。不管多晚回家，我每天都会至少翻上一两页，学习圣贤们留下的教诲。这么做，全是为了提升自己的人格。

读书的时候，我经常会因为深受感动或心生感慨，不忍心再往下读。对于打动我的地方，我会画上红线，反复阅读，反复体味。用这种方法阅读，有时候读完一页就要花上三四十分钟。但我认为，如果想要将所学的东西变成自己的血肉，成为自己的食粮，并付诸实践，就应该采用这种阅读方法。

可能因为从年轻时起，就这样度过每一天，所以我觉得可以用"持续提升理念的每一天"来概括自己的前半生。

并且，在这一天又一天的人生中，我逐渐意识到："为社会、为世人尽力，是人最尊贵的行为。"再进一步，我甚至还认识到，人降生于现世，终其一生，其目的就在于提高心性，要提高到美丽的"利他"之心自然流露的程度。我祈愿自己也能达到这种境界。为此，我坚持日日反省，同时又拼命努力，这样一路走到今天。

回顾长达半个世纪自己一路走来的历程，我认识到，我走过的人生道路，就是一个集团的领导者为了提高心性，让缺点多多的自己成长为比较成熟的自己，并为此拼命努力的过程。

我的笔记簿每年都更换，但其中电话簿的部分却从不更换。在这电话簿中，写着一句很久以前记下的话，具体是谁说的，已经记不清了，但每次读这段话时，我都会反复体味其中的含义。这段话是这样的：

高谈阔论者有，身体力行者少；身体力行者有，持之以恒者少；持之以恒者有，持之以恒且能得到众人景仰的人，则少如凤毛麟角。

高谈阔论者，就像评论家那样，对企业经营说些豪言壮语的人，要多少有多少；但是身体力行者，即实际让公司成长发展的人，却很少见；即使让公司一时发展壮大了，但能使公司长期持续繁荣的人，就更少见了。再进一步，在持续繁荣的过程中，越来越受人敬重、成为众人景仰的对象，这样的经营者就极为稀缺了。

我想，正因为自己高度认同这句话，并且为了戒勉自己，所以才会特意把它记录下来。

在企业经营中也一样。从27岁创办公司开始，到今天为止，京瓷在54年内从未发生过一次亏损。在此期间，尽管经历了多次经济萧条，企业仍能保持10%以上的利润率。究其原因，我认为，就是因为贯彻正确的经营之道，持续付出不亚于任何人的努力。

换言之，高迈的经营哲学，我不只是口头提倡，而是身体力行，而且持续半个世纪以上。我认为，这才是真正的关键所在。才气焕发，或者不顾一切拼命奋斗，获得一时成功的个人和企业也许存在。然而，能够在长达半个世纪以上的时间里，始终贯彻正道，持续付出不亚于任何人的努力，这样的人或企业几乎没有。

我希望日航也一定要成为这样的企业。从 2010 年开始的这三年中，日航获得了重生，成为一家赢利能力全球首屈一指的企业。接下来，就要依靠大家的力量，让日航成为持续繁荣的企业。同时，我还希望，在全球众多的航空公司中，日航不仅要在准点率和客户满意度上保持领先——这是理所当然，而且还要在领导者的人格方面，也成为"受人景仰"的卓越企业。

要做到这一点，我认为，关键还在于"要谦虚，不要骄傲"。这种"谦虚精神"，不管每个人在各自的人生中，还是作为领导者在组织中发挥作用时，都必须珍视。

特别是，成为董事、部长等大组织的领导者后，周围的人无意中就会奉承追捧。而自己在不知不觉间也会傲慢起来。这时候，自己是完全觉察不到的。正因如此，领导者必须严格地约束自己，并严厉地告诫自己："要谦虚，不要骄傲。"绝对不能傲慢不逊。

在长期保持这种谦虚态度的过程中，人格就会逐渐提升，不久就能够成为受人尊敬的人。如果自己是组织的领导者，就必须立志成为这样的人物。至少要期望自己成为受部下信赖和尊敬的领导者。为此，"要谦虚，不要骄傲"的态度必不可缺。同时我认为，"要谦虚，不要骄傲"这一条，在日航今后的经营中也十分重要。

在京瓷，我曾将"要谦虚，不要骄傲"定为经营口号，积极倡导。当时，京瓷作为高成长、高收益企业，受到社会的高度评价，正是春风得意之时。对此，我将当时的经营口号定为"要谦虚，不要骄傲"，以此来戒除员工的傲慢之心。紧接着，我又加上了"要更加努力"这句话。在保持谦虚的同时，还要持续付出无止境的努力，这一点很重要。

人往往越顺利，越会傲慢起来，从而导致失败。同时，自满之后，就会觉得"干到这种程度，应该差不多了吧"，精神就会松弛，开始追求安逸，而这就是陷阱。

纵观战后的企业经营史，不免让人心生凄凉。那些历史悠久、声誉卓著、理应长期发展、永续经营的企业，却跌宕起伏、波谲云诡、腐朽变质，走向衰败，其中有的甚至已经破产关门，呈现出"死尸累累"的惨象。每当看见这种凄惨的景象，我就会想道："必是因为经营者、领导者的骄傲自满、腐化堕落，才会招致如此悲惨的下场。"所以，一直以来，在京瓷，我总是不厌其烦、喋喋不休地强调"要谦虚，不要骄傲"。

时时不忘谦虚，持续付出无止境的努力。关于这个内容，我头脑中经常会浮现出"悬浮在空中的人力自行车"这一场景，虽然这只是一个假想。在这个假想中，假设有一台类似自行车的车辆，只要踩动踏板，螺旋桨就会随之转动，自行车随即升空。假设自行车现在正悬浮在空中，那么，由于受到重力的作用，仅仅维持悬浮状态，就需要相当费力地踩动踏板。更何况要朝着与重力相反的方向上升，那就更必须拼命踩动踏板。

这个原理在经营中也是一样，如果想要维持企业的高收益状态，那么，达到当前高度所付出的努力，在今后还必须继续保持。踩动踏板的力量只要稍有减弱，自行车就会在重力的作用下下降，不久就会坠落地面。

换言之，为了让日航持续保持高收益，今后大家就要继续付出与这三年来同样的努力。如果想让日航进一步成为领先世界的、更为卓越的航空公司，就必须拼命付出超过以往的努力。

现在是过去努力的结果,未来取决于从今以后的努力。日航现在的经营状况良好,是这三年来大家努力的结果,但绝不能保证未来。日航的未来完全取决于今后大家付出怎样的努力。

作为肩负日航未来的领导者,各位一刻也不能忘记"要谦虚,不要骄傲,要更加努力"这一条。这就是我对各位的殷切期待。

(2013年)

5 理解人心，调动干劲儿

> 让员工与经营者的想法一致，燃起大家的斗志，为此决定并制订相应的数字目标，这是经营中最重要的事，也是经营的奥妙所在。

企业是人的集合体。因此，所谓经营，就是如何凝聚企业这一人的集合体。如果不知道"人心如何变化"，经营就无从谈起，经营自然也无法搞好。也就是说，懂得人心如何变化，是经营的头等大事。这又何止于企业经营呢？学校也好，其他机构也好，只要是由人构成的集合体，只要有组织存在，那么，组织中成员的心理状态如何，如何调动他们的积极性，就显得非常重要。

关于京瓷的五年计划，听说社长以及干部们现在都犹豫不定："怎么绞尽脑汁地想，都觉得无法达成这样的目标，所以应该调整目标。调整才是合理的，也是符合逻辑的。"据说是干了两年半，进展不顺利，于是大家认为也许最初设定的目标太高，所以要修正目标。也就是说，要重新制订年度计划（经营计划），将目标下调。他们认为，根本无望达成的高目标，却还要一味坚持，那是没有脑子；明明达不成的目标，硬是不肯修改，非常可笑。在大家看来，五年计划这个东西，是可以简单更改的。

我常说:"所谓经营,就是经营者所拥有的'想干成这样'的意志。"如果认为"最初的计划目标太高了,所以要降低",就降低了目标,那么这个降低了的目标到时又觉得过高,还要下调。只要进展不顺利、就不断下调目标的做法,与我所说的"所谓经营,就是经营者的意志"这句话的意思,完全相反。

"想干成这样!"这是意志决定的。既然是意志决定的,就要以强烈的意志去实现它。目标值高得离谱,大家就会失去干劲儿;相反,目标值太低,简单就能完成,大家又会松劲懈怠。那么,有没有恰到好处的、付出某种程度的努力就可以达成的目标呢?那是不存在的。如果有的话,企业经营就谁都能干了。关键在于斗志,在于"我就想干成这样!"这种经营者的意志。

但是,话说回来,给出一个根本无法实现的高数值,却一味强调"意志!意志!"那是毫无意义的。明明去年还是负数,今年突然提出"销售额倍增",大家会感觉莫名其妙。这时,不管怎样强调意志,都是无法奏效的。

问题不是确立目标的方法,而是对于已经决定的目标,让大家产生"那就干吧"的想法。因此,需要把经营目标,也就是经营者的意志，转变成全员的意志。换言之，要把经营者"我想干成这样！不，无论如何都必须干成这样！"的意志，转换为员工的意志。

要做到这一点，还得自上而下。如果自下而上，大家就会想："给自己定高目标不是太愚蠢了吗？为什么要让自己吃这个苦头呢？"那么就不可能提出需要付出辛苦努力才能达成的高数值目标。"今年要翻倍"这样的高目标，必须由领导者提出。但这样的话，大家又不愿跟进。所以，需要事前做好沟通工作，让大家觉得，这个目标值是自下而上提出的。这就是我所说的："把经营者的意志，转换为员工的意志。"

说到"转换"的方法，例如，举办空巴，一边与大家一起喝烧酒，一边向员工表露自己的想法："照这样下去，我们公司必然衰退，我们必须有所作为。""我们公司只要做法得当，也能快速成长。虽然过去低迷，增长乏力，但今年我想要加倍发展。"这样的话平时就要讲。而一旦要决定"今年要翻倍"的目标时，事先就要安排那些心机不深、总是赞同社长的员工坐在旁边，让他们说："社长，您说得对！"这样一来，那些平时太过冷静、常泼凉水说"这根本不可能"的人，不好意思再开口反对了。结果，风轻云淡之间，翻倍的目标就确定了。

这就是人的心理。如果让那些冷眼旁观的人先说出："太离谱了！您说要翻倍，这是根本不可能的！"这样的话，整体氛围就会消沉，整个计划也就会泡汤。即使社长只提出"20%的增长目标"，那些人照样也会泼冷水："照现在这种形势，20%根本不现实。不管怎么努力，顶多也就跟去年一样。"这样就惨了。如果客观分析，他们说的也许并不错，但那就不是经营了。"虽然形势严峻，但我们公司就是要增长20%"，这样的态度才是经营。

话虽如此，要实现却不容易。虽说绝对应该挑战高目标，但去年挑战失败，今年又失败的话，就会像"狼来了"一样。社长念佛般念叨："要增长50%。"员工也鹦鹉学舌，跟着念，到头来却只增长了5%。接着，又提出"今年要增长50%"，结果又只是增长了5%。这样的事情只要连续出现三次，就变成了"小和尚念经，有口无心"。没有人再认真对待目标了。但如果因此设定低目标，跟往年一样，以5%为目标，那么公司就会失去活力。所以，关键在于，如何点燃员工的热情，让大家朝着高目标努力奋斗。

曾有一次，在看来无论怎么努力，都无法达标的情况下，我用过一个方法。这个方法不建议常用。当时我对大家说："如果实现月销售额9亿日元这个目标的话，我就带领全体员工去香港旅游。"这样一说，员工就问："啊！社长，真的会带我们去吗？"结果大家越发努力了。这种振作人心的方法，也是领导者必须考虑的。

然而，设定目标后，如何让员工与经营者共有这个目标，并点燃大家的热情，这是一个永恒的课题。这种数值目标的确定和制订，是经营中最重要的事，也是经营的奥妙所在。

（1993年）

第二章 以大家族主义开展经营

6 与员工建立家人般的关系

> 问题在于是否抓住了员工的心。经营顺利的时候，工资发得出，也能说漂亮话，所以员工都会追随。但重要的是，当业绩低迷时，还有没有人全力支持企业？

经营者有一个共同的烦恼，那就是如何把握员工的心。哪怕小组织以及有注册会计师和律师等并非一般企业在内的经营者，可以说，大家都共同拥有这个烦恼。

例如，在平时疏于培育干部，或与干部没有建立良好的人际关系，那么，在业绩恶化时，明明需要从干部到核心员工、基层员工都要团结一致，共同努力，但就在这时，平日信任依靠的干部却辞职而去。经常有人告诉我，他们现在正面临这样的问题。

正所谓"屋漏偏逢连夜雨"。业绩恶化，经营者非常担心。但偏偏在这种时候，一直信任依靠的骨干干部辞职离开，公司经营因此越发糟糕。我认为，这是最大的问题。

在企业经营中，重要的是如何把握员工的心，这是经营的根本问题。有的人只顾自己拼命努力，到头来却发现没有抓住员工的心。这时候或许已经晚了，但大家还是可以努力做出改变。公司发展一帆风顺的时候，所有人都会追随。因为可以发工资，可以说漂亮话，所以大家都会追随。但重要的是，当业绩低迷时，有不离不弃、继续支持公司的人。

我也有过这样的经验。公司发展顺利时，有一位骨干干部经常对我说："社长，我完全相信您，所以一定会终身追随您。"我略带讽刺地说："公司发展好的时候，有很多人对我这样说。但重要的是在公司面临破产危机时，仍然一如既往，能够留下来支持我的人。我想要的是这种人。"对方回答说："那是理所当然的，哪怕其他人都辞职了，我也会坚持到最后。哪怕公司发不出工资，我也会支持社长。"

但实际上，这个人是最早辞职的。像这种唱高调的人，大体都会辞职。

我创办京瓷时，希望员工和我有家人般的关系。我出生、成长在鹿儿岛，家中有父母和我们七个兄弟姐妹。我希望与员工也能构建那种家人般的关系。此外，我创办公司时刚刚结婚，有了新的家人，我希望与员工之间也能构建同样的家人关系。如果缺乏亲如家人的关系，就无法成为真正意义上的强大公司。我首先就是这样想的。

当时我连经营的"经"字都不懂，但我已经意识到，经营的原点应该就在这里。就是说，或许有员工认为，拿多少钱就干多少活。但是，和我共同经营企业的干部却不能这样。如果不能真正建立像父子、兄弟一般的关系，企业就无法经营。我之所以这么想，是因为我自己其实很胆小，自己不强大，所以才希望别人成为我的左膀右臂，给我援助和扶持。出于这样的原因，我才认为，如果不能与其他人建立起家人般的关系，就无法经营企业。

如果我与大家之间，只是经营者和员工的关系，未免太过淡漠，那就根本不可能建立我所说的家人般的关系。于是，我在刚刚创办京瓷，还什么都不懂的时候，就向员工们反复诉说："我们公司以'家族主义'开展经营。说是'家族主义'，其实是'大家族主义'。为什么是'大家族主义'呢？因为我想以家人般的关系来塑造这个公司，而不是拿多少钱干多少活儿的僵硬的劳资关系，而是要建立父子和兄弟般亲密关系的公司。"

要求员工与我建立家人般的关系，首先，我自己对待员工，就要持有对家人般的关爱。片面要求员工"守护我"，员工不可能照做。我自己如果不能以对待父母兄弟的态度对待员工，员工当然不可能以相同的态度对待我。

京瓷的经营理念中之所以有"追求全体员工物质与精神两方面的幸福"这一诉求，正是因为我当时烦恼纠结，希望产生具备凝聚力的理念。于是，为了增强员工对公司的向心力，我对大家这么说：

"创建这家公司，不是为了我个人的成功，不是为了我个人发财致富。公司的目的，在于追求公司员工也就是公司'从业员'物质和精神两方面的幸福，大家有缘相聚到这里，可以说是一期一会（日本茶道用语，提醒人们要珍惜每个瞬间的机缘，为人生中可能仅有的一次相会，付出全部的心力。——译者注），是非常难得的。所谓'从业员'，就是从事事业的成员、从事工作的成员，当然也包括我自己。为了实现包括我自己在内的全体'从业员'（员工）的幸福，才成立了这家公司。除此之外，没有其他目的。成立公司的目的，不是让稻盛家族成功、让稻盛家族致富而利用员工。京瓷公司的发展壮大，同时意味着全体员工走向幸福。"为此，我拼命思考，究竟怎么做，才能让员工觉得"进入这家公司真好"。

这样说来，这家公司不属于任何个人。为此，我呼吁大家："因为是大家团结一致，为实现包括我在内的所有人的物质和精神两方面的幸福，才创办的公司，所以为了这个集团的全体成员，我将以必死的决心拼命努力。因此，为了这个集体，也请大家以必死的决心拼命努力。"与此同时，我自己率先垂范，拼命努力，推进工作。

仅仅拼命努力还不够，我还要思考如何与员工沟通。就像夫妇之间，父母与子女之间，如果沟通不畅，关系就会无法和谐。这是因为如果相互之间缺乏交流，那么即便想要互相理解，也理解不了。因此，增进相互之间的理解是一件非常重要的事情。既希望员工能理解我，也希望我能理解员工，为此，我营造各种机会，创造各种契机，努力增进相互之间的理解。

（1995年）

7 真正的关怀成就卓越企业

"好啊！行啊！"这样一味地迁就示好，结果不仅会让员工，甚至会导致其家人流落街头。所以，必须是严厉的关怀、真正的关怀。不仅自己必须拼命工作，也要求员工做到。由此让企业变得优秀，让大家都能安心。

今天，在对冲绳移动电话公司（au品牌的移动电话服务公司）的员工进行教育时，我这样说：

"我们必须拼命工作。为什么必须工作？请大家看看自然界吧。冲绳海域中有壮观的珊瑚礁，美丽的热带鱼游于其间。所以，在这里潜水其乐无穷。"然而，看起来如此壮观、如此美丽的海底，在那里生活的鱼类也好，海草也好，珊瑚礁也好，无不都在拼命努力求生存。小鱼会被大鱼猎食，但它们却在竭尽全力，拼死求生。这就是大自然。

"只有我们人，才会提出'让我放松，让我休息，让我游玩'之类的要求。自然界中，没有生物要求休闲娱乐。它们都在拼命努力求生存。这种拼命努力求生存的姿态，就是自然界本来的状态。

"各位可能会说，从京瓷派来的干部很严厉。但是，各位入职的公司，如果不是一个能够产生利润的优秀公司，你们也不愿长期在此干吧。同时，如果加薪和奖金不能令人满意的话，生活也不会安定吧。

"各位都有自己的家庭，为了让包括家人在内的所有人都能安心，就必须让企业成为利润充裕的优秀企业。为此，从京瓷派来的干部，才会向大家提出'必须努力工作'的严格要求。

"人本来就应该拼命努力。然而，在严格的同时，人也需要关怀体贴。因此，我们必须具备关怀之心。所谓关怀之心，就是爱，就是耶稣基督所说的爱。所谓爱，不是只要自己好就行，而是希望别人也好，并为之付出行动。这样的心就是关怀之心。

"关怀之心的极致就是母爱。母亲为了自己的孩子，付出生命也在所不惜。母爱是一种本能，但它只给予自己的孩子，而不会给予别人的孩子。然而，真正的爱、真正的关怀，是带着关怀与体谅对待所有的人。拥有这种关怀之心的人，无论做什么都会成功。

"但所谓关怀，不是什么事情都允许，都说'好！行！'，对自己严格要求，拼命工作本身，也是关怀。"

我是一个严厉的人。在工作中，我极其严厉。然而，这种严厉，是对遍及全球的 3 万名京瓷员工负责，是为了维护他们的生活。3 万名员工各自都有家庭。如果我对干部员工只说"好啊，好"，放任自流，那么这种"关怀"就会让员工的家人流落街头。所以，我的关怀是严厉的关怀。我不仅要求自己，也要求员工拼命工作。拼命工作，换来的是成就一家卓越企业，让大家都能安心。我认为，这才是真正的关怀。

我认为必须是这样的关怀。在这个自然界里，在这个宇宙中，流淌着"爱"这种慈悲心，即流淌着关怀的意识。正因为宇宙中充满着关怀，所以胸怀关怀之心从事工作，就会成功。

（1994 年）

第三章 贯彻实力主义

8　不唯绩效主义，而重实力主义

> 所谓实力主义，绝不是"一将功成万骨枯"。实力主义虽然也有其需要解决的课题，但通过说明和说服，就可以防止出现负面效应。基于实力主义选拔出来的人才，充分发挥他们的才干，公司就能受益，就能变得越来越出色。

我不采用绩效主义。我认为，可以断言，采用绩效主义获得成功的案例并不存在。自古以来各种人反复尝试，不断失败的历史，已经证明了这一点。我一贯坚持实力主义，一直以实力主义运营组织。当然，实力主义也有需要解决的课题，但我认为，通过说明和说服，就可以防止产生负面效应。

举例来说，这次提拔某人进了领导班子，其工资也相应上调。这么做的话，有人就可能心生不满："凭什么呀，他不是和我同届吗？""那家伙明明是我的后辈，却优先提拔了他，岂有此理！"

但是，冷静地思考一下："如果被提拔进领导班子的不是他而是我，由我来承担更重要的工作，这对于京瓷公司来说，到底是好是坏呢？比起他来，我的能力要弱一点，在勤奋方面我也不够。与其让我这样的人来领导企业，不如让他那种不辞辛劳的人进班子，引领企业。这对于公司整体来说会更好，公司整体变好了，我自己在物质和精神方面也会受益。所以，与其提拔我，不如提拔那家伙。"我希望大家得出上述结论。不只依据年功序列，主张"我呀我"，而是让真正有实力的人领导公司，这一条须彻底贯彻。

曾发生过这样的事情。自从创办京瓷以来，一批老员工一直与我共事。后来业务内容要扩大，这就需要各种智慧和知识，需要相关的经验。因此，我一开始就思考，应该物色公司外部能堪此任的优秀人才，请他们来公司工作。当时，我召集了和我一起创办京瓷、一路追随我的老员工，向他们提出了这样的问题："说实话，我想招募他这样的人才，让他来干这样的事业。而且，尽管诸位都是我创业时的伙伴，但我仍想让他成为你们的上级。大家怎么看？"

"如果大家说'这不行，这家公司是我们和您一起建立的，让一个不知根底的外人成为我们的上司，我们接受不了。这可不是我们创业的初衷'，那么我就停止聘用那个人。不过，俗话说'螃蟹只会比照自己壳的大小打洞'。就是说，螃蟹所挖的洞，不会超过自己甲壳的大小。同样，企业的体量也不会超过经营层的器量。所以，如果大家不同意，那就意味着，我们公司的大小只能与我们创业者的器量相当，企业规模将无法扩大。如果大家期望如此的话，我也能忍耐。但是，如果大家都说：'我们不是以这样的小鸡肚肠创办京瓷的，我们曾相互约定，一定要让京瓷成为一家更大、更有前途的企业。所以即使让中途加入的人位居我们这些创业者之上，也没关系。把公司做大、做强才是目的，所以没有问题。'那么，我就会考虑录用此人。"

结果，创业伙伴们都异口同声地回答："可以，让他位居我们之上也没有问题。"于是，我不断录用外部的优秀人才，公司随之成长发展。这就是京瓷过去的历史。

我认为这样的案例很有说服力，因为这就是实力主义的原点。实力主义绝不是"一将功成万骨枯"。由实力主义选拔出来的人才充分施展才能，公司就能受益，就会越办越出色。这一点已经被京瓷的历史所证明。

（2002年）

9 领导者必备的资质

> 我想拥有值得信赖的部下。我希望有和自己思维方式一致的人，让其成为自己合格的"分身"，并成为各个部门的负责人，同我一起守护公司。为此，虽然我每天都在现场拼命工作，但这种"具备这种资质的人才，哪怕增加一位也好"的愿望却挥之不去，连做梦我也会说出口。

为了让企业今后还能持续成长发展，全体员工都要共有优秀的哲学，并将这种哲学付诸实践，在公司内培育这样的土壤非常重要。特别是，如果缺乏优秀的中层干部，企业就难以发展，搞不好甚至会陷入破产的惨境。

在距今三十多年前，那时我四十多岁，正值全身心投入经营之际。当时，我非常期待出现具备这种资质的干部，我曾写了些有关这方面的文章。前些时候，有位干部告诉我："找到了您当社长时给干部讲话的资料。"他拿来的文章，题为"部门长、领导者所需的资质"。这是当时我写给公司中层干部的。因为只针对公司内部，所以文章措辞比较粗糙，缺乏推敲。

其中，第一条是"必须是对自己负责的部门抱有梦想和理想的人"。当上级委托"请你当责任人，照看好这个部门"时，你不能漠然就任，必须对自己所负责的部门怀有梦想，必须能够描绘自己的理想。

第二条是"必须是能将自己描绘的理想付诸实践，具备强烈信念、勇气与热情的人"。即必须是：对自己负责的部门心怀梦想和理想，并且具备将理想变为现实的强烈信念、勇气与热情的人。

第三条是"必须是为胜任自己的职务，能够将必要的、相关职务进行分解，并予以归纳的人"。例如，鱼类从生鲜到干货，有很多种产品。那么，在超市鱼类部门担任部门长，为了让整个部门充满活力，部门长应该怎么做呢？他必须是能够把所有产品进行分解，然后再次重新组合的人。

第四条是"必须是为胜任自己的职务，能够做事细心的人"。就是说，必须是一个心思非常缜密的人。我称之为"胆小之人"。我认为，相比大胆豪放的人，小心谨慎的人更适合当部门长。

第五条是"必须是为胜任自己的的职务，善于选择替代自己的分身，并将分身按工作内容适当配置的人"。自己所负责部门的全部工作，都要亲力亲为是不可能的，所以，要选拔与自己思维方式一致，拥有同样责任感，能够同样拼命努力的人，安排他们承担各自相应的工作。

第六条是，由于要让部下作为自己的分身承担相应的职责，所以"必须时常确认，分担职责的人是否值得信赖"。不能当甩手掌柜，将所有事务和责任都交给他，如果因此而失败，事情就会搞糟。不能因为某位部下人品高尚，所以一旦信任，就一两年放任不管，而是要时常确认，此人是不是真的值得信赖。

第七条是"自己必须是值得部下信赖的人"。

第八条是"必须是对于自己承担的课题不断进行挑战的人"。就是说，必须自己去主动发现、主动挑战新课题的人。

我将具备这八项资质的人称为有资格当部门长的人。我在三十多年前，就写下了上述八条。

我自己当时还年轻，每天从早到晚拼命奋战在一线，所以特别想拥有值得信赖的部下，特别希望出现优秀的、与我思维方式一致的分身，希望他们成为各部门的负责人，和我一起守护公司。为此,这种"具备这种资质的人才,哪怕增加一位也好"的愿望非常强烈,连做梦我也会说出口。

(2007年)

10 在斥责和被斥责中，构建卓越的人际关系

> 如果部下犯错，当场即刻就要严厉斥责，促其反省。在上司和部下之间，如果平时就建立了深厚的人际关系，相互信任，相互理解，那么，部下就不会将斥责看作对自己人格的否定，也不会因此而意气消沉。

部下犯了错误，或是工作马虎大意，应该当场即刻就提醒注意，严厉指正。在有关教育指导人的教科书中，提倡如下的教育方法："如果在众人面前斥责部下，就会伤害部下的自尊心，导致其失去自信。所以不能这么做。如果要提醒对方，应该把他叫到另一个房间，谆谆教导，帮助他改正错误，这才是真正的指导者应该做的事。"然而，这只是学校老师的教育方法，在公司采用这种不痛不痒的方法，根本无法教会部下如何工作。必须当场就严厉地予以指正："这样做不对！"

确实，按照心理学家的说法，在他人面前严厉地批评部下，部下的自尊心受到严重伤害的可能性是存在的。但其实，提出批评的上司和接受批评的部下，两者之间的人际关系，才是问题的本质。

我一贯采用严厉的教育方式。但同时，在空巴等场合，大

家一杯酒下肚，亲密交谈，连上级和下级的关系也感觉不到。因为建立了这种相互信赖的人际关系，所以受斥责的人就能理解："社长严厉斥责，针对的是问题本身，而不是否定自己的人格。"我认为，虽说对于犯错误这件事情，必须严厉斥责，促其反省，但对方绝不会觉得因人格受到否定，而意气消沉。只要上司和部下之间，平日里就建立了相互信赖、相互理解的卓越人际关系，那么，就应该在现场直接严厉斥责，教育指正。

例如，有一副烧热的火钳，如果人一触碰就会因挨烫疼痛而立刻缩手，且绝不会再触碰第二次。但如果触摸后过了一段时间，才感觉"啊，痛！"，那么，行动上就不会改正。于是问题发生了，如果等到第二天才把当事人叫到某个房间，对他说："你昨天这样做不对！"对方会说："我明白了。"但这种明白不会深入骨髓。而"一碰烧热的火钳就感觉剧痛"，与"因自己的马虎疏忽而导致失败，进而遭到斥责"，两者都因为当时就感受到痛切，行动上才能纠正。

请一定要在工作现场，在问题发生的当下，就给予严格的提醒。同时，为了防止部下因此而意气消沉，平时就要构建良好的人际关系，让部下能诚恳地说出："我明白了，马上改正，今后一定注意。"举办空巴的目的就在于此。一边喝酒一边交流，构建彼此间知根知底的人际关系。不是因为讨厌对方而出言指责，严厉训斥。"因为你做的事情有问题才批评你"，为了让他们理解批评的目的，平时就应建立互相信任的人际关系。

而且，必须让被斥责的人发自内心地认同："是的，您说的太对了，自己确实没想到这一层，我要重新思考。"如果只是轻描淡写，说："这个你做得不对。"对方就不会有深切的理解。为此，有时候，我真的很严厉，或是费尽口舌，严肃批评。"向部下注入能量""注入魂魄，说服教育"，为了让部下同我的想法一致，抱有同样的心情，转向同样的方向，就必须在语言中注入灵魂，"严厉斥责，严格指导"。

"你明白了吧"，"是的，我明白了"这种程度的问答，如果用煮饭来做比喻的话，那就是煮出夹生饭的火候，饭粒很硬，难以下咽。所以必须加进足够的水，火势要足够旺，否则煮出夹生饭就不好办了。为了做出美味的米饭，必须加足火力，也就是要严加指导。我就是这么做的。

有的上司不敢对部下进行严厉的斥责，我认为，作为上司，他是失职的。这样的人不能当领导。

有人总是先冒出"上司严厉斥责，部下就很可怜"的念头。我想，冒出这种想法，或许是因为心地善良。然而，如果换个角度来看，这意味着彼此都有缺陷，大家都不完美，彼此容忍对方的缺陷，相互舔舐伤口。有的上司就是抱这种人生态度去推进工作的。如果采取严格自律的生活方式，自己也会很累、很辛苦。因为自己做不到这一点，所以对部下的要求也会放松。因此，对部下严厉斥责、严格要求的前提是必须严格律己。

不过请不要搞错"严厉"的含义。因为自己是上司而要威风，这样的人我们经常看到。"我是科长""我是部长"，摆架子，逞威风。这未免太荒唐了。盛气凌人、教训别人的态度根本不对。因为部下错了，因为有问题，才需要批评指正。不是谁了不起的问题。上司必须将这条铭刻于心，必须严于律己。

必须是对部下、对自己都严格要求的上司。我认为，不能严格对己、对人的人，作为领导者和上司，那是失职的。

俗话说："男人不坚强就无法生存，但男人不善良就没有生存的资格。"就是说，原本就不善良的男人，没有生存的资格；但善良的男人却不坚强，就无法生存。对此，我非常认同。我认为，内心善良而又坚强有力，乃是领导者必备的资质。

（2007年）

11　仔细观察部下

> 是否真正倾注了心血关注员工？在观察和了解其言行的过程中，是否看透了全部，才给出最终的评价？不是"遵循既定的规则"，而是"关注到什么程度"。归根结底，这才是评价人的关键所在。

没有什么事情比评价人更困难的了。即便只有二三十人的企业，要对员工进行评定，提升或降低其职务或薪酬——虽然降低的情况可能极少出现——也是很难的。正因为非常困难，不容易做，所以人们总想要建立某种规则，企图用客观的方法进行评价。这样的话，自己作为领导者就不必烦恼了。即便是年轻的员工，或是部长、科长也都能根据规则做出判断。于是，人们就做各种尝试，希望制订一种公平的、不偏不倚的评价规则。

但是，即使制订了规则，也会很快出现矛盾。这样的规则往往用不了几年。说是有"构建了规则，运行得很好"这样的企业，实际上并不是真的运行得很好，而只是自以为运行得很好而已。即便是和工会一起制订的规则，最多也不过是目前，大体上还没人抱怨而已。绝不是说这个规则在今后一直能让公司充满活力，更不是说，它能让公司持续成长发展。

虽说小微企业不需要这样的规则，但员工人数如果达到两三百人，就会出现上述的烦恼。

针对这个问题，我取消了职务制度，把"科长""部长"一类的称呼也取消了。"请你带领 20 个人负责这项工作""请你照看这个工厂"，我用这种方式进行分工，并把相关的领导者称为"责任人"。

所以，干部就自称为"我是某某的责任人"，例如，"我是精密陶瓷事业部的责任人"，说得极端一点，京瓷的社长就是京瓷的责任人。

如果责任人不称职，就会告诉他："现在请你从这个岗位上下来。"然后，回归普通员工，责任人就会请其他人来当。可一旦任命部长、科长这样的职务，一有变动就容易发生摩擦："从部长降到科长很没面子，我不干了。"为了避免这个面子问题，只是让其不再担任责任人，自动转为普通员工。

那么工资怎么办呢？对于长年为公司付出努力的人，应该给予相应的报酬，所以我另外制订了提高工资的资格等级制度。我之前就是这么做的。

怎么做才能激发大家的干劲儿？怎么做评价工作才能顺利进行？这是企业永恒的课题。这不仅是当事人的问题，还会给周围的人带来很大的影响。例如，因为某人非常优秀而加以提拔，本人或许很高兴，但从周围的人看来，"怎么提拔那家伙而不提拔我呢？"积极性反而下降。就是说，无法对大家都形成激励。反之，将某人降级也是一样，其他人会想："下次可能要降我了"，因此产生恐惧心理，导致积极性下降。

因为存在各种各样的情况，所以人们总是想制订某种规则，并依靠这种规则来评价部下。倘能如此，自己就没有责任了，心情就能放松了。

然而，事情不是这样的。评价人不是这么回事。归根结底，社长必须参与到组织中去，聚会等都要出席，对于多达数百名的员工，都必须倾注心血，仔细观察。

在这种情况下，业绩当然也会成为问题。在京瓷，我们以部门为单位，包括领导在内，大家一起制订下一年度的计划。然后，通过管理会计的手法，各部门的业绩都能一目了然。所以，目标完成到什么程度，也就是业绩做得怎么样，当然也就会成为问题。

经常有人说到绩效主义。就是说"业绩提升的人，就给钱，没提升的人，就不给钱"，这就是绩效主义。以前曾有一家大型电器企业导入绩效主义，结果没到两年就弃之不用了。人不是用绩效主义敲打就会努力的。确实，如果达成了计划目标，我认为就应该给予好评，但对于经过拼命努力却未达成目标的人，也应该给予相应的评价，否则以后大家都不愿努力了。这不只是数字的问题，这里还涉及"情"之类的，真的不好办。

所以，这不是讲讲理论就能解决的问题。以绩效主义为导向，"业绩上升就发奖金，业绩不升就不发"这种做法看上去似乎简单明了，但其实包括大企业在内，没有一家能用好。

绩效主义会让大家都失去干劲儿。业绩提升时，拿到很多奖金，大家兴高采烈，干劲儿十足。但遇上经济萧条，业绩恶化，发不出奖金时，大家会怎样呢？大家正指望今年能发多少奖金，结果却说不发了。家里还有老婆孩子，还有房贷要还，大家就会抱怨发牢骚。即便上一次拿到了高出别人一倍的奖金，也只是当时高兴。这一次拿不到奖金，谁都不会说："上次多拿了一倍，所以这次就算了吧。"大家只会说："可能业绩确实不好，但我们日子还要过啊。"因此，一下子干劲儿就没有了。

业绩好的时候当然要善待员工，业绩差的时候也要考虑员工的生活，咬紧牙关，给予他们相应的关照。因此，情况好就发，情况差就不发，是行不通的。人是感情的动物，员工的心如何波动，如何变化，经营者必须读懂。所以说，经营者同时也必须是优秀的心理学家。

然而，这确实很难。所以，评价人的规则如能确定，当然最轻松了。但对经营者而言，更重要的是，要真正倾注心血，仔细观察员工。为此，我曾频繁参加各部门的会议，与大家进行各种各样的意见碰撞。而且，会议结束后，我还会跟大家一起举办空巴，一起喝酒，观察员工的言谈举止，在这个过程中，例如"这个家伙很认真""这个家伙不大靠谱""这家伙在会议上讲得冠冕堂皇，实际上为人不怎么样"。这些都看透以后，再做出最终的评价。

对于干部，我不会说："要遵循这样的规则考评部下。"而是说："你对自己的部下观察到什么程度？"归根结底，这才是人事评价的关键。

（2003年）

第二部分 2

—— 拓展事业之心 ——

第二相

第一章 遵循原理原则

12　将正确的事情以正确的方式贯彻到底

> 将基准放在"作为人，何谓正确？"这一点上，做出一切经营判断。这样做，即使一时给自己、给公司带来损失，但长远来看，一定会把公司走向正确的方向。

我认为，企业经营中最为重要的事情，就是经营者秉持的哲学。是否拥有能够获得员工信赖和尊敬的优秀哲学，决定了企业的盛衰，这么讲并不过分。

在创办京瓷时，我深切地感受到了这一点。当时京瓷虽然是一家仅有28名员工的小公司，但一旦创业，必须立即做出决断的事情，就堆积如山。"这件事情该怎么办？"员工们接二连三要求我做出裁决。但是，在这之前，我没有经营企业的经验，也没有经营的知识。同时，在我的亲戚朋友中也没有经营者，所以也没有可以请教的人。

然而，作为经营者，我必须对有关所有问题都做出判断。如果自己判断失误，公司可能立刻倾覆。我因担心而连日不能入眠。"经营者是孤独的"这句话，我感受深切。

诸位也一样。不管问题大小，"这件事情怎么办啊？"每天员工都会前来要求你们做出判断。这时，你们就会做出指示，"这可以做"，"那不可以做"。这时候，究竟以什么为基准做出判断，就变得非常重要。如果判断失误，那么判断者所负的责任越大，判断出错的影响就越大。这可以用飞机机体上的裂痕来比喻。哪怕机体上只有极小的裂缝，但如果带着这个小小的裂缝飞到万米高空，裂缝就会扩大，导致巨大的惨祸。领导者亦是如此，一个小小的错误判断，其影响会迅速扩大到整个组织，导致组织的崩溃。相反，如果飞机只是在跑道上滑行，那么即使有点儿裂缝，也不会给机体带来致命性的影响。

组织也是一样，如果是责任较小的中层管理者，即使判断稍稍出错，上面还有人纠正，可以阻止这种错误扩散到整个公司。但如果是公司的领导者，就绝不允许判断出错。就像极小的裂缝也会导致飞机坠机一样，领导者的判断稍有差错，其影响就会扩大至极限，以前所做的正确判断也将前功尽弃，使企业陷入衰退。

正因如此，经营者必须不断地做出正确的判断。但是，人并不是一站到经营者的立场上，立即就能做出正确的判断。在这之前，你抱怎样的人生态度？在人生的每一天，你的认真程度如何？这才是问题的焦点。

就我而言，从年轻时起，我就严格要求自己，要求自己具备高度的集中力。我原本是一名从事精密陶瓷研发的技术员，每天都要反复做实验。作为技术员，我必须冷静周密地观察实验中发生的现象，具备透过现象找到真理的能力。俗话说"目光力透纸背"，我就是如此认真，仔细观察实验中的现象，拼命努力找到现象背后的真理。

因为从事这样的实验，我意识到，如果想要看透真理，那么映射出真理的镜子，也就是自己的心灵，就必须纯粹透明，纯洁无瑕。如果自己心存杂念，或者带有某种先入为主的观念，就无法感知真理。因为经常有这样的体验，所以，我从年轻时起就意识到，如果不整理自己的心灵，不以光明美好的心态面对事物，就无法获得好的结果。

举一个极端的例子。听说从前锻造刀具的工匠，为了锻造出优质的日本刀，在锻打之前，需要戒斋沐浴，清洁身心，去除邪念，在进入纯粹无瑕的精神状态之后，才投入锻造工作。为了做出正确的判断，我们也必须营造这种纯净的心态。我从年轻时起，就通过做实验感受到了这个道理。

正因如此，我认为自己绝不能做出错误判断，为此，必须排除一切邪念，把基准放在"作为人，何谓正确？"这一点上，对所有问题做出经营判断。哪怕这样的判断对自己、对公司不利，也必须坚持把作为人应该做的正确的事情以正确的方式贯彻到底。

即便一时遭受损失，也要把"作为人，何谓正确？"当作基准进行判断。从长远来看，这样的判断，无论对自己也好、对公司也好，都会带来好的结果。相反，哪怕认为一时对自己、对公司有利，但选择了作为人不应该做的判断和行为，此后必遭报应。回顾55年的经营经验，我对此深信不疑。

换言之，能否做出正确的判断，能否因为判断正确而引导企业长期持续发展，这取决于领导者的心态。

（2014年）

13　回归原点思考

> 回到起点就是回到原点，回到原理原则，基于单纯的事实进行思考。最了不起的人，就是能够对复杂现象进行单纯思考的人。

在企业经营中，最重要的事情就是，在自己的思维方式中拥有确凿可靠的东西。我称之为"贯彻原理原则的经营"。换言之，就是拥有自己坚定的信念，在心中建立"坐标轴"。这是非常重要的。最近，我对此感受特别深刻。

我笼统地用了"坐标轴"这个词。换个更简易的说法，或许就是"自己的良心"。然而，自己心中没有判断基准、糊涂茫然的人，在这个社会里很多很多。即使某些地位很高的人，心中仍然缺乏明确而坚定的判断基准，这是一个很大的问题。

所谓在自己心中拥有判断基准，说的是什么呢？这在京瓷的经营哲学——《京瓷哲学：人生与经营的原点》中就有相关的内容，即以自己为基准，对事物进行思考。

经营者自己，对经营有极大的影响。为此，自创业以来，我就不断地自问自答："作为人，何谓正确？"与此同时，我也不断对员工们阐述这一点。我始终强调，比起任何技巧技法、经营手腕，更重要的是人品人格。对事物进行判断时，最重要的就是自己，就是自己心中是否拥有原理原则，就是说，是否拥有能成为基准的尺度或标尺。拥有这样的尺度或标尺，用它来对照和衡量一切，这就是在经营企业中，正确应对一切情况的要诀。

在我们的企业里，也会发生各种各样的情况。在国内我们已有大约一万两千名员工，加上国外工厂的话，总共有超过一万五千人。在工作和经营中，每天每日都会发生各式各样的问题。当事情传到我的耳朵时，问题早已纠缠不清，相当严重，能够解决的人已经为数不多。

由于问题相当纠结，出现的现象纷繁复杂，想要解决，就必须分析、解析这些现象，并思考解决的方法。但这时候，问题已经像一团乱麻，单要把它理清就十分困难。由于难以搞清，事情就越发纠结，解决的希望越发渺茫。这样的案例非常之多。

在这种情况下，能把问题轻易地解开，并予解决的人，偶尔还是有的。那他是怎么把问题理清的呢？事实上，他不是去把一团乱麻解开，而是追溯这个问题为什么会发生，就是说，问题是怎么走到今天这一步的？问题是从哪里开始发生的？一步一步地回顾。这样的话，就能把问题的来龙去脉搞清楚。

我经常说"回到起点"。回到起点观察现象，纠结的状态就能看明白。最初，事情都是很简单的。回到起点，也就是回到原点，回到原理原则，这样来把事情简化。因为回到起点问题就单纯了，就以这单纯的事实为基础，思考解决的办法就行了。

不会处理问题的人，试图在纠结状态下解决问题。但因为没有搞明白纠结的原因，就下手去解决问题，所以导致问题越发纠结，呈现出复杂怪异的现象，最终无法解决。

对此，我这么说："高人化繁为简，能把复杂现象单纯化；常人只会复杂现象复杂思考；蠢人化简为繁，把单纯的事情想得很复杂。"

这样的例子司空见惯。例如，一句话就能说清的事情，有的人却要费尽口舌。在商业上，这是很大的浪费。

技术开发也一样。在开发过程中，复杂现象会大量出现。比如持续做一个月实验，就会积累庞大的数据。在这些数据中，隐藏着引发现象的各种要素，我们必须通过观察这些数据，一下子分析出引发各种现象的共同要素,即决定现象的要因。即使从事同样的研究,如果不能有效地整理研究数据,不能看出其中的核心要素,并将它提炼出来,那就称不上是一流的研究者。相反,具备这种能力的人,就是能够做出伟大发明、发现的人。

(1987年)

14 从本质思考，做出判断

> 所谓经营，必须符合"道理"。如果存在矛盾，不合逻辑，违背一般的伦理观或道德观，那就无法顺利拓展。因此，必须做出合乎事物原理原则的判断。

创业当初，我没有任何关于企业经营的经验。但作为领导者，又不得不对所有的问题做出决断。我是技术员出身，所以日常工作总是倾向于技术层面。本想从书本中获得启示，但当时自己读的书籍主要与技术相关。为了让自己在有关经营的问题上，做判断时充满自信，经历了种种烦恼之后，我下了这样的决心：

"所谓经营，必须合乎世间常说的'道理'，必须基于原理原则。如果存在矛盾，不合逻辑，违背人们一般的伦理观或道德观，那就无法顺利拓展。所以，一切都要回到事物原理原则来进行判断。"

我觉得，只要这样做，即使没有经验，也不会做出太出格的错误判断。我也向大家强调"要做出符合事物原理原则的判断"。我自己也为此不断努力。就此事，我想举这样一个例子。

自 1959 年开始经营企业以来，我一直记录公司每个月的平均工资（包含加班费在内，实际支付金额的平均工资）。与创业当时相比，现在的平均工资提升了十倍以上。我认为，这是因为我预想到了高工资时代必将到来，为了在这样的时代继续生存，必须提高员工的人均收益率，培养自己的负担能力。正是这种持续的努力，才带来了今天的结果。

　我们公司很早就开始向海外销售多种产品。特别是和美国的同行展开了非常激烈的竞争。虽说日本企业的实力变强了，但如果在支付和美国企业同等水平的工资后，有多少日本企业还能够确保获得和美国企业同等的利润呢？考虑后就会发现，在收益率方面，日本企业还是非常落后的。也就是说，因为现在没有支付像美国企业那样的高工资，所以日本企业还能计算出利润。我认为，在支付和美国企业同等的工资后，还要确保和美国企业同等的利润，只有做到了这一点，才能说在与发达国家的竞争中取得了优势。

　生产同样的产品，美国公司支付了更高的工资，日本公司却只支付了一半左右的工资，用低价销售。然后自鸣得意，说什么"我们公司还干得不错吧"。这完全没有逻辑，真是岂有此理。如果也支付那样的高工资，就会出现巨大亏损。但是，经常有人满不在乎地这么讲，他们只在利润层面进行比较。

我们不会忘记，在日本经济高度成长的时代，有时候每年的加薪幅度高达 30% 以上。但大家都认为，如果制造业企业的人工费超过总销售额的 30%，就很危险。另一方面，加薪幅度一般在 20% 左右。但如果加薪 30%，那么，总销售额中的人工费占比就会上升 9%。当时，一般认为，日本的大企业税前利润如果能达到 6%~7% 就很不错了，但如果总销售额中人工费占比一下子提升到 9%，那么，这些企业全部都要做好亏损的心理准备。

但是，这些企业却并没有跌入赤字。利润率 5%~6% 的企业，过了一年，仍然做出了 5%~6% 的利润率，简直就像变魔术一样。一般来说，在一年的时间里，不可能合理化（意为降低成本。——译者注）到这种程度。然而，一旦为环境所迫，企业就能做到不亏损。

如果是这样的话，那么在一年以前，就不应该是 5%~6% 的利润率，而应该加 9%，做出 14%~15% 的利润率。如果往前追溯两年，再算上 9%，那就该能有百分之二十几的利润率。但这样的努力谁都没去做。在被逼无奈的情况下，人会拼命努力。但人却不会自发做出更大的努力。

因为心里觉得利润率达到 5%~6% 就可以了，所以结果也就确保了 5%~6% 的利润率，但再高就不行了。

京瓷当时的利润率在 30% 左右。这时候，员工们也出现了骄傲自满、暗自窃喜的情况。我对他们说："不对啊。只是别人没做的事情，我们提前三年做了而已。我们这么干，不过是为了具备三年后加薪时的承受能力，如此而已。这根本不说明我们赚了很多钱，做了什么了不起的事。"

大家都是事到临头才慌忙应对，而我们在事情发生之前就付出了努力，所以留出了很大的余裕。京瓷以高收益企业为目标，但高收益并不等同于利润率高。别人没做的合理化改善，我们提前三年就做了。因为三年后的高工资现在不必支付，才加到了利润上，仅此而已。

直到现在，我们都把做出的利润称为"拥有扶养员工的能力"。换言之，就是不把它当作利润。

假设人工费每年上升 6%，人工费总额占总销售额的比率为 30% 的话，那么每年总销售额中的人工费就会上升 2%。如果税前利润率是 10%，因为人工费占比每年上升 2%，也就意味着京瓷正好可以保证 5 年的扶养能力。如果税前利润率达到 20%，在同样的加薪幅度下，京瓷就能保证 10 年的扶养能力。

如果税前利润率只有 4%，那就只能保证两年。事到临头如果不采取应对措施，企业两年后就会出现亏损。所以，我把利润视为公司对员工的雇佣能力、扶养能力。

这个问题非常重要。"利润率达到 6% 就不错了，比起同行，我们已经稍稍领先了。"这么想，本身就是问题。因为有了这样的想法，6% 的利润率虽然可以做到，但再高就不行了。正是因为有了"6% 就不错了"的先入为主的观念，所以才无法实现更高的利润率。

这个问题已经属于心理学的范畴。因为心中持有先入为主的观念，这种先入为主的观念发挥作用，导致心中不想实现更高的目标。就是说，虽然显意识中并没有这么想，而是想要获取更多的利润，但如果潜意识中却认为 6% 就正好，那么结果就绝对不会超过 6%。

此外，还有一个心理学的要素。我们公司不采用预算制度。如果采用预算制度，制订增加销售额的计划时，就会预算，"需要多少人，需要多少设备投资"等。但有意思的是，即便销售额没有达成预定目标，但费用——不管是用于雇人还是用于设备投资，却一定会被花掉。所以这种做法绝对无法成功。

销售额因为涉及市场变动的原因，处于不确定的状态，但支出却会严格地按计划使用。这样一来，收益就始终难以达到目标数值。没有比这个更愚蠢的事情了，所以我才主张："我们不需要预算制度。"

更有意思的现象是，企业的销售额不会超越制定目标时确定的那条线。这条线是销售额的最高值，绝对不去超越。最终的结果一定是比目标值低一些。因为目标在那个位置，所以人会朝着这个目标努力，但不会做出进一步的努力。因为已经在心里踩下了刹车，所谓潜意识就会朝着刹车的方向发挥作用。

因此，我认为，不妨对我们在常识中认为正确的事情提出疑问，这是好事。

需要补充一点的是，有经营者会说："我不拘一格，就是对常识持否定态度。"但我并不持这种态度。我只是碰巧对经营完全无知，所以才必须从事物的本质出发思考问题。而不是有意识地在头脑中否定常识，才走到了今天。我是不得不思考事物的本质。

（1985年）

15　正确判断需要的思考流程

> 在考虑事情时，一定要在"好吧"的想法涌现的瞬间，要对自己说"等一下"，控制住自己。然后思考"对对方来说会怎样？"当确信对对方也好时，再得出结论。要养成这样的习惯。用"利他之心"去判断事物有难度，但可以在自己的思考流程中植入这样的程序。

部下来商量问题时，或者在思考如何推进工作时，经营者必须对事情做出判断。这时，我们往往会用直觉来思考和判断。然而，未经训练的人用直觉进行判断时，大体上都是用本能在思考。

所谓本能，是我们心中具备的基本的东西，是为了保护肉体的自我而被赋予的、最基本的心。因此，发自本能心的思考和行为，全部都是为了对自己有利。换言之，本能心是与"让他人好"的利他心是完全相反的东西。它是由神灵赐予的，以保护肉身的自我，这里不存在善与恶的问题。但以直觉判断，总难免以本能心思考。对自己的公司是否有好处，自己的企业是赚还是亏，诸如此类，全部都是以自身的利害得失作为判断依据。一般情况下，经营者都是这么做的。

然而，以对自己是否有利做出的判断，对自己可能不错，但对周围的人来说，则可能不利。举个极端的例子，某顾客想要买某个东西，因为他不了解市场行情，所以给出的价格远高于市场价。有人就会利用这位顾客的无知，觉得"他自己说要买的，不是很好吗？自己能大赚一笔，这是个好买卖"，于是以高价售出。

明明看到对方遭受损失，但却以"他自己要买的，卖给他就行"为借口，只考虑自身利益。这么做，日后对方肯定会因此感到困扰。如果做生意时仅凭本能思考问题，或许会对自己有利，自己能赚钱，但会让周围的人遭受损失，从而引发各种问题。这样的案例不胜枚举。

但是，如果以利他之心进行判断，就会考虑对方，结果就会不一样。"我们公司可能赚钱了，但对方之所以提出以这个价格购买，仅仅是因为现在不了解行情而已，日后一定会产生问题"。于是就直言相告："没必要以这么高的价格采购，我会以合理的价格卖给您，价格过高，您就亏了。"这样做看上去会给自己带来损失，但其实并没有损失。站在对方的立场，以利他之心进行判断，这种行为带来的恩惠百转千回，最后一定会回到自己身上。

在《京瓷哲学》中有这样的内容，"即使牺牲自己也要帮助他人，这样的心就是利他之心"。以利他之心做判断基准，这不限于经营者。政治家也好，学校的老师也好，对于领导者而言，利他之心是最高的判断基准。话虽如此，但真正能以利他之心进行判断的，只有开悟了的圣者、圣人。所以，虽然我时常把"利他之心"挂在嘴边，但实际上我自己还远未做到。对此我心知肚明，但我仍然倡导利他之心。利他之心的极致境界，就是开悟的境界。为了达至开悟境界而坚持修行的人，在判断时所依据的基准，就是利他之心。

秉持这种最高层次的判断基准，就能清晰地看到真相。在与达至开悟境界的高人谈话时，对方会说，"我觉得这样做是可以的""不，这个事情还是不要做"等，虽然是简单的三言两语，但这些真正了不起的人其实看清了一切。

街头巷尾，充满了只要自己好就行的、仅凭本能判断事物的人。赢了还是输了、得到了还是失去了、赚了还是没赚，他们一天到晚都在浑身是血地搏杀。但用高层次的利他之心来看他们的状态，就能看出，他们自认为正确判断的，肯定会碰壁。因为拥有利他之心的人能看清楚"往那里走会跌跤"，"在那里会受伤"。

以利他之心思考事物，就能看到"不该走那边，应该走这边才对，那里有水沟，会掉下去"。但不具备利他之心的当事人就看不到，把眼前的道路视作康庄大道，认为它比田间小道要好走，结果踏入沟渠，掉了下去。从自己的欲望出发判断事物，就会如此。

我们这些没有经过修行的凡人，即使别人倡导"要以利他之心判断"，我们也是一头雾水，搞不明白。很快又回到"赚钱还是不赚钱"的基准上。这样做不会带来好结果，所以我在这里教一个方法。

当必须做出决定时，例如，这个东西要不要买？那个东西要不要卖？别人的事情要不要做？在遇到这类需要思考的问题时，一瞬间会下意识地想："好，就这么决定。"这样的决定全部出自本能，所以，在冒出最初的想法后，来一个深呼吸，把该想法先搁在一边，"等一下，我赚不赚钱先放一放，要思考一下对对方是好还是坏"。放置这样一个'缓冲器'，然后，"对自己有利，对对方也不错，对方会高兴"，到这时候，就可以做出判断了。如果不这么做，一听对自己有利，马上就行动，这就可能给对方带来很大的损失。

利他之心是开悟境界，是最高的判断基准。我们还远远谈不上开悟，即使想以利他之心判断，也很难做到。所以，一定要在"好吧"的想法涌现的瞬间，对自己说"等一下"，控制住自己。然后思考"对对方来说会怎样？"当确信对对方也好时，再得出结论。在思考的流程中植入这样的程序是非常重要的。即使人格还不成熟，只要养成这个习惯，就能做到以利他之心判断。

（1999年）

第二章 光明正大地追求利润

16 不追求浮利

> 必须走人间正道,而不是随大溜,跟在别人后面亦步亦趋。不管环境变化多么剧烈,都不去追逐浮利,而要光明正大地追求利润。

我从年轻时起就认为,经营也好,人生也好,都需要哲学。我认为,自己所秉持的哲学,决定了自己的人生和公司的未来。为此我学习中国的古典书籍,学习优秀哲学家和圣贤们的教诲,将这些变成自己的哲学,并一直坚持将其付诸实践。同时,我努力践行西乡南洲(即西乡隆盛,日本明治维新时期的重要人物。——译者注)所倡导的正确的为人之道,即正道、天道,来度过自己的人生。所以,在20世纪80年代后期的泡沫经济中,我没有被银行的建议所打动。

当时,京瓷的利润很高,有大笔的银行存款,某银行的分行行长特意来拜访我。

他对我说:"社长您也知道,现在股票和不动产的价格正在上升。大家不仅把手头的资金投入进去,而且不足部分还向银行贷款,用于购买股票和不动产。而且他们都赚钱了,收益增长两倍、三倍。而你们京瓷把每月的利润都存入我们银行。对于我们银行来说,您这样的客户真的太宝贵了。但是,我想冒昧地说,您这种做法,等同于放弃了赚钱的机会。像京瓷这样的优秀企业,我们多少钱都愿意贷给你们,请您一定考虑投资股票和不动产。"

但是,我认为,不是额头流汗赚来的利润,我们不要,我们不追求"浮利",这是我的哲学。所以虽然分行行长提出了这样的建议,但我没有采纳,并没有出手购买不动产或股票。当时日本的企业经营者中,特别是经营上有余裕的经营者,没出手投资不动产或股票的人非常少。正因出手投资,在泡沫经济破灭后,他们才会深受其害。然而,我们公司没有受到丝毫损失。

另外,在这之前,石油危机的时候,出现了经济大萧条,订单没有了。我因此号召大家:"员工们,大家都投入销售吧!"为了开发精密陶瓷的新用途,包括在工厂搞生产的员工,全体员工都去营销。我要求全员都要去开拓市场,并将其付诸实行。

另一方面,对于有了空闲的技术员,我号召他们"启动新产品的研究开发"。太阳能发电的研究开发,就是从那个时候开始的。同一时期,被称为生物陶瓷的人工骨,后来被命名为"绿色月牙"的再结晶宝石,这些产品的研发工作也开始启动。

还有，现在快速增长的切削工具、也就是金属切削加工工具的研发，也是从那个时候开始的。

萧条时期没有订单，主业没有利润，在这种艰难的局面下，在已有的陶瓷产品之外，我们在四个新领域，投入资金，开始研究开发。也就是说，在经济萧条最严重的时刻，我们却着手开创新事业。因为我们平时就不贷款，财务充实，有足够的资金留存，所以我社有余裕，可以在最为恶劣的经济环境下，仍然积极地推进技术研发工作。

当然，研究开发不可能立竿见影，不会马上成功。像太阳能发电，直到五六年前都是亏损状态，赤字状态持续了二十五六年，但即便如此，我们也没有放弃，持续努力。不仅太阳能发电，上述四项事业都经历了漫长的艰难时期，才各自成为支撑今天京瓷的优秀事业之一。在经济最不景气的时候，我们积极投资。而在大家认为做什么都能赚钱的泡沫经济时期，我们反而选择不出手。

在与某人提到这一点时，对方说："稻盛先生您真是个怪才，好走偏锋，与众不同。"但我回答："不，我不是走偏锋，不是与别人对着干。如果这样理解我，你就错了。其实并非如此，我不过是主张坚守人间正道。而不是因为大家都这样做，所以我偏偏要那样做。不管环境变化多么剧烈，我都坚守正道。我不是什么怪才，也不是偏要与众不同。"我认为，不去追逐浮利，光明正大地追求利润才是最重要的。

(2005年)

17 追求利润的目的与意义

> 追求利润不是什么肮脏的事情。没有利润,就不能给员工发奖金,下一年度也不能给员工加薪。合理的利润是企业经营应得的正当报酬。

在开始经营企业时,我最初遇到的烦恼,就是怎么解释才能让大家理解追求利润的正当性。特别是我们这种以技术为基础创立的公司,必须招聘许多大学毕业的优秀人才进入公司。这个道理必须让这些精英们也能够接受和理解。

这时候,最让我介意的,就是有人对我说:"您嘴上说得很好听,但到头来,企业不就是以追求利润为目的的吗?"确实,一方面,我认为,企业必须做出利润,并不断鼓励大家"加油、加油",但另一方面,在我自己心里,也或多或少地觉得,追求利润不那么光彩,甚至觉得有点肮脏,因此,心里矛盾烦恼,一旦遭遇如此逼问,我一下子就无言以对了。

烦恼之余,我意识到,追求利润根本不是什么肮脏的事情。没有利润,就没法给员工加工资、发奖金。如果做不出利润,支付员工的人工费和其他费用后就没有任何剩余,那么明年就无法加薪。现在有足够的利润,意味着明年、后年就有加薪的空间。就是说，在经营上留有余裕，将来才有保障。

那么，做出的利润怎么处理呢？有一半要作为税金缴纳，留下的部分作为企业的内部留存。内部留存增加了，企业就可以减少银行贷款。如果没有贷款，而增加银行存款，存款利息又进一步增加了企业利润。增加内部留存，就有这样的好处。企业必须做出利润，我曾堂堂正正地向大家阐述其意义："我向天地神明起誓，我绝无将企业的利润化为己有之心。为了支持企业的生存发展，利润要留存在企业里。为了员工的幸福，必须把公司建设好，为此，利润要留存在企业里。"

正当为这个利润问题感到烦恼时，我听到了松下先生的论述："使用天下之资材，使用天下之人才，经营事业，如果出现赤字，就如同犯罪一般。"我深受触动，觉得"这句话救了我！"

此外，再向前追溯，我知道了活跃在江户时代的石田梅岩这个人物。梅岩先生最早在京都的和服店里当学徒，后来当上了掌柜，40岁后在教育者的道上开悟了，并且在京都市内创办私塾，开始传授被称为"石门心学"的商人道。

当时还是封建社会，有所谓"士农工商"的身份制度，其中最上层是武士,最下层是商人。一般认为,商人都靠骗人赚钱,是人格扭曲的人。低价进货,高价卖出,获取暴利的就是商人。那是一个蔑视商人的时代。

这时候,石田梅岩倡导:"怎么能如此贬低商人呢?将稀缺的物品、贵重的货物低价买进,加上合理的利润,广泛销售,这是了不起的社会行为。商人赚取合理的利润,如同武士获得俸禄支撑生活一样,绝不是卑劣的行为。商人自己也无须自卑。"

做不正经的生意,例如骗人,或把假冒伪劣的东西包装成优质商品高价出售谋利,这当然是卑劣的行为。然而,梅岩先生强调:"赚取合理的利润,是正当劳动应得的报酬。"

听梅岩先生这么说,当时自认为非常卑下的商人们开始对自己的从商道路生起了自信。那个时代,商人一旦赚钱,就被骂为"卑劣",被当作守财奴,被视为骗子。在这样的世相中,石田梅岩出现了。他竭力倡导:商人获取正当的利润是了不起的社会行为。商人们因此挺起了胸膛,他们觉得"原来如此,说得对啊!既然是这样,那我也要堂堂正正地当一名优秀的商人"。

(1995年)

18 销售最大化，费用最小化

所谓经营，就是"尽可能增加销售，尽可能减少费用"，在这一点上大家动脑筋，出智慧。如果这么思考，企业经营应该还有更大的发展可能性。

我们公司最近的经营状况被认为非常好，因此受到称赞，但也有人指责说："你们赚太多了。"不过，看一下我们的利润表就会发现，成本（材料费等）占销售额的比例，其实跟普通企业差不多，但管理费用和销售费用只占12%~13%，而在一般企业中，这类费用占到20%左右。

在制造业的企业中，或许有把商社作为总代理，以减少自己门店的企业，但我们公司几乎全部都是直销。由于是销售部门的员工直接销售，本来销售费用会更高，但我们却控制在了十二三个百分点左右。

仅靠这些，税前利润就已经多出了7%~8%，仅凭这一点，就和其他企业拉开了差距。

我们并非不劳而获。其他企业认为，管理费用和销售费用通常要占到20%，但我们却将其控制在了12%~13%，这个差距就直接体现在了利润的数字上。

这样的想法是从哪里来的呢？在开始经营企业时，我既没有经营的经验，也没有学习过经营学，所以只好回到根本上即原理原则上思考问题。

说起来是个笑话。当时，我连资产负债表都看不懂。打开资产负债表一看，右边写着资本金，左边写着现金、存款，所以我想："原来两边都有钱啊。"当时就理解到这种程度。不过，对于研发、制造、销售这三个职能我是知道的。所以，当时我对企业经营的认知就是，研发部门将研发成果转移到制造部门，制造出的产品由销售部门销售，获得货款，货款减去所花费用就是利润。我只知道这些。

蔬菜店的老板用橡皮筋将竹编的小箩筐吊起来，将现金放进或取出。晚上关门后就坐下来算账，扣掉今天进货的钱，剩下来的就是赚的钱。我的做法与此完全相同。但在此之上如果再加入汇票等各种复杂的会计科目，就会变得难以理解，所以我一直采用现金会计学，即现金主义来经营企业。我觉得在这个过程中，我养成了不受常识束缚、用朴素的目光看待事物的习惯。

一般来说，日本大企业的利润率大致差不多，当然其中也有亏损的企业，但大体上税前利润率都维持在5%~6%，这是一个比较低的水准。为什么会这样呢？因为他们抱有先入为主的观念："利润率嘛，本来就是这样的。"因此，有的人在自己经营企业时，如果利润率达到6%，就会很满意："我们公司很了不起，利润率跟大企业差不多了。"当利润率下降到6%以下，他们会努力提升，但一旦达到6%，就不想再努力了。

他们嘴上虽然会说"要赚更多"，但内心却想，有6%就行了。因为心里想着有6%就行了，这就意味着不再会付出更大的努力了，也就是说，在内心已经自动踩下了刹车。虽然这非常矛盾，但因为心中所想会优先实行，所以必定会在这时踩下刹车。

而我总会思考利润。为了获得利润，大家要努力，首先必须生产出产品。这个时候，要尽可能压低生产所需的费用，是要"尽可能"哦。同时，还要尽可能多卖。换言之，就是费用要最小化，销售要最大化。为此，有没有更好的方法呢？不断思考、不断努力，其结果就是销售额和生产成本的差额，就是利润。所以我认为，所谓利润，就是我们努力的成果。

京瓷的税前利润是25%~26%，销售额接近3000亿日元。但这并不是说我们的利润率目标就是25%~26%，这只是一个自然的结果。如果从事的是垄断事业，那么，价格可以由自己决定。但我们是在竞争极为激烈的市场中制造产品，所以接受客户的要求，产品价格必须降低。在价格降低的情况下，如何努力制造产品，确保利润，这才是决出胜负的关键。所以，可以说利润的幅度，正是付出努力获得的"勋章"。

所谓经营，就是"尽可能增加销售，尽可能减少费用"，在这一点上大家动脑筋，出智慧。从这个意义上说，利润的空间是很大的。销售最大化，费用最小化，其差额就会自动显现为利润。如果这么思考，企业经营应该还有更大发展的可能性。我既没有经营企业的经验，也没学过经营学，所以搞不清楚百分之几的利润率才是合理的。如果我先入职了某家公司，晋升到了高层后再离职创办京瓷，那会怎么样呢？如果之前所在公司的利润率是10%，我就会觉得"我们现在比那家公司还好"，因此而满足，不再努力，那么，京瓷可能就会成为这种水准的企业。

正因为我不知道经营是什么，所以才会努力提升销售额，尽可能减少费用支出，其结果就体现在了利润数字上。我后来意识到了这一点。换言之，我的无知变成了好事，让我能从事物的根本，也就是从原理原则的层面进行思考，结果就创建了京瓷这样的高收益企业。

（1985 年）

19 内部留存充足，保障员工生活

> 经济景气时努力提高利润，把利润作为内部留存。这样，即使遭遇严重的经济萧条，企业也能不动如山。要这样来打造让员工安心工作的、超级健康的企业。

在盛和塾，我曾多次讲过，在经济萧条时必须做些什么，应该采取哪些对策。作为塾生（在盛和塾向稻盛先生学习的企业经营者。——译者注），你在发表经营体验时说，2009年，你的公司在雷曼金融危机时，销售额和利润都大幅下跌，处境非常艰难。但你实践了我所说的相关对策，实行全员营销，拼命削减费用，竭尽全力，做到了极致。你说："如果公司最后还是不能免于倒闭的话，那就大家一起倒下吧！"所以，连员工的奖金都没有减少，照样按计划发放。

1974年石油危机时，我也有同样的经历。当时，公司的销售额减少到了原来的几分之一。

我预想到可能会发生这样的情况，所以，从一开始我们就拼命努力，将利润率维持在10%以上，并将支付税金后剩下的部分作为内部留存积蓄下来，将其作为自有资本，储存积累。

所以京瓷的内部留存相当丰厚，即便在遭遇石油危机那样的萧条时，也未曾解雇过一名员工。

当时，日本许多公司的销售额都降到了原来的十分之一。销售额降为十分之一，意味着90%的员工都成了多余。因此，许多公司采取各种措施，或者解雇员工，或者要求员工在家待岗等。但我却没有解雇一名员工，而且工资照常发放。

早在石油危机之前，我就一直向员工们强调："在经济景气时要努力提高利润，增加自有资本。那么，当萧条来临时，哪怕一年、两年销售额为零，也能继续支付工资。我想打造这样一家超级健康的企业。"事实上，我们一直就是这么做的。

你刚刚提到，希望再增加一些销售，再提高一点利润率。请务必这样做。为了员工，要把利润作为内部留存积蓄下来，那么即便萧条来临，企业照样纹丝不动。打造一个能让员工安心工作的企业比什么都重要。

（2013年）

20 未雨绸缪，应对萧条

> 在内部留存很少的情况下，一旦突然遭遇萧条，公司就会陷入困境，经营者就会着急担忧，夜不能寐。为了避免这种情况，销售利润率至少要提升到10%以上，同时必须增加企业内部留存。

要保持高收益的企业体质，内部留存就要相当丰厚。正因为有了丰厚的内部留存，纵使遭遇萧条，出现亏损，但在一两年内，即使不向银行贷款，不解雇员工，也足以支撑企业正常运转。

如果企业每年都是勉强维持，日子过得很拮据，那就很难积累内部留存。因为只有高收益才能积蓄丰厚的内部留存。如果平时就能保持高收益的体质，不断增加内部留存，那就意味着对付萧条已经做好了充分的准备。

说到这里，我想起了过去发生的事。无论作为经营者还是作为普通人，我都是一个很胆小的人，而且还是一个容易操心的人，所以从年轻时起，我就老是担心："如果遇到经济萧条该怎么办啊？"于是我拼命努力，持续创造高收益，当然，公司的体质也逐渐变强。因此，即使在遭遇"石油冲击"那样的危机时，我仍然充满自信。

遭遇萧条，员工的心就会动摇，当时，我是这么对他们说的："大家不必担心，即便优秀企业接二连三地倒闭，我们也能生存到最后。哪怕连续两三年销售额为零，我们也有足够的内部留存养活大家。所以无须担心，让我们沉着冷静，继续努力吧。"

我这么讲，就安抚了动摇的人心。事实上，当时我们确实有足够的余裕。哪怕销售额降为零，人工费等费用不削减，照样支付持续两三年是没有任何问题的。

京瓷至今还保持着这样的经营态势。据现在的合并报表，公司随时可以使用的现金和存款约有6000亿日元，另外还有包括股票在内的四五千亿日元流动资产。因为高流动性资产有将近一兆日元，所以我们现在仍然拥有丰厚的储备，足以应对经济萧条。

这就是松下幸之助先生所倡导的"水库式经营"。当年，聆听了松下先生的讲演，我决心实施水库式经营，自那次以来一直坚持到今天。这就为应对萧条做好了准备。

做好了应对萧条的准备,就能让员工们安心工作。即便遭遇萧条,员工们也不必担心,不必慌乱,而能沉着应对,努力克服萧条带来的困难。高收益的企业体质就发挥着这样的作用。

但是,现在有一个问题。特别是以美国为中心,现在全世界的投资家们,都在调用巨额资金,购入企业的股票,通过股价的上升获取利润。搞这种商业模式的人看重的是企业股东的资本利润率(以下称之为 ROE)。

资产负债表中有"自有资本"这一栏,用本年度获得的利润除以"自有资本"就是 ROE。我所说的"利润率必须达到 10%",指的是相对于销售额来说的利润,而投资家关注的是,相对于自有资本来说,利润达到了多少。

把赚来的钱不断在企业中积累,就能增加自有资本。就是说,内部留存积累得越多,企业经营就越有余裕。但投资家们并不认同这一点。他们认为,自有资本那么多,用自有资本投资赚来的钱却那么少。所以他们的判断是,我们的投资效率很低。

投资家们经常说:"如果 ROE 低于百分之多少,那么这家企业的股票就不值得购买。"因此,一般的企业经营者都认为,一定要提高 ROE，如果把赚来的钱都留在企业内部作为内部留存，那就太愚蠢了。

在美式资本主义的世界中，利用资金不断收购企业，不断投资设备，在各方面花钱以提升经营效率，增加利润。通过降低内部留存的自有资本来提升利润，进而提高 ROE，这样的企业才是优秀企业。这已成了常识。

京瓷现在的年轻社长在美国或欧洲召开投资说明会时，听众中一定会有人提出："京瓷的自有资本比率实在是太高了，ROE 太低了。存这么多钱有什么用？应该将其用于投资，用在其他各个方面，这才是我们投资家的迫切期望。"投资家们提出了这样的要求，社长就会来问我的意见，我每次都会说："说什么呢？没必要按投资家说的去做。"

ROE 高的企业就是好企业，这已经成为世界的常识。所以我的主张就成了谬论。然而，这种常识，归根结底不过是在短期内衡量企业的尺度。现在买入股票，等到明年股价上升时再抛售，在这样的人看来，ROE 确实越高越好。但对于像我们这样，必须连续经营企业数十年的人来说，稳定才是第一位的。所以必须有足够的储备，哪怕遭遇严重的萧条，企业也能从容应对。

然而，按照现在的常识，这样的储备越多，经营者反而越会被打上"无能"的烙印。所以，我对我们公司的社长是这么说的："你要这样回答他们，哪怕被打上'无能'的烙印也无所谓，我们要守护包括员工在内的整个公司，如果你们觉得这一点不重要，那也可以！"

平时就积累丰厚的内部留存，这就是应对萧条的最好的准备。如果利润微薄，内部留存很少，那么一旦遭遇萧条，公司就会陷入困境，经营者就会着急担忧，夜不能寐。之所以提倡"至少必须获取 10% 的销售利润"，就是为了避免这种情况的发生。

（2008 年）

21 践行"利他"

> "散财有道"。使用财产也要有正确的观点和正确的方法。资产这个东西,不是用来满足自身的欲望和快乐的,应该将它用于"为社会、为世人"做贡献。

我认为,企业经营的要谛,在于经营者自身不断地磨炼心灵,提高心性,"贯彻正确的为人之道"。我努力实践这一条。作为努力的结果,赤手空拳创办的京瓷取得了难以想象的惊人的发展,不久成功上市。同时,作为创业者的我,最终也获得了意外的巨额资产。

然而,一直以来,我只顾埋头工作,即使在被称为富人之后,我也没有所谓富人意识,依然过着普通庶民的生活,我对此非常满足,并从中感受到幸福。而且,对于自己被赐予的资产,我始终认为,那只是社会委托我代为保管的东西。

让我的上述想法越发强化的,是年轻时就开始学习的佛教的思想。随着年龄的增长,我逐渐被佛陀的教诲所吸引,在阅读典籍、接受禅师指导的同时,我越来越确信,佛陀所倡导的"利他"思想的重要性。

所谓"利他",就是祈愿"他人好"的慈悲之心,就是基督教所倡导的爱心,换言之,就是"为社会,为世人尽力"。这样的行为才是人最尊贵的行为。我开始形成了这样的人生观。

此外,从得到这种教诲时起,我就逐渐意识到,在"求财有道"的同时,还需要"散财有道",就是说,在使用财产时,也需要有正确的观点和正确的方法。我认为,资产这个东西,不是用来满足自身的欲望和快乐的,应该将它用于"为社会、为世人"做贡献。

实际上,环顾这个世间,有的人前半生刻苦勤勉,功成名就,获得了巨额财产,但后半生却被私利私欲所蒙蔽,玷污了晚节。看到这样的例子,我越发强烈地告诫自己,绝不能在晚年堕落。

由于这些经历,所以我坚决发誓,践行"利他"。从20世纪80年代的后半期开始,也就是50岁以后,我积极地投入了为社会做奉献的事业之中。

1983年,为了回应想要学习我经营思想的呼声,我成立了培育年轻经营者的经营塾——"盛和塾"。这个"盛和塾"此后发展壮大,现在日本国内已有52个分塾,海外也有了包括巴西和中国在内的分塾。而且，去年在美国，继洛杉矶分塾之后，下个月，纽约分塾也将揭幕。

此外，1984 年，长期处于垄断状态的日本通信行业，开始允许新企业参与。为了降低国民通信费用，我设立了第二电电（现 KDDI）。在全球范围内，日本的通信费用曾经极为昂贵，但通过我们的参与，日本的通信费用呈现断崖式下降，同时也为日本即将到来的信息化社会做出了巨大贡献。为此我们获得了来自社会的高度评价。

还有，同样是 1984 年，我设立了稻盛财团，创办了"京都奖"这一表彰事业。我的人生观——"为社会，为世人尽力是人最尊贵的行为"——以设立京都奖为契机，得以付诸实践。

与此同时，京都奖还有另一个目的，就是表彰那些默默无闻、辛苦钻研的研究人员。在这个世界上，有不少研究人员终其一生，孜孜不倦，刻苦努力，其中很多人不仅成果斐然，而且人格高尚，但给予他们表彰的机会却非常之少，我觉得这很遗憾。所以，我也想通过京都奖，对他们的辛苦付出给予奖赏。

京瓷的成长发展让我获得了意料之外的个人财富。设立稻盛财团之际，我希望借用京都奖这一形式将这些财富还原给社会，所以我捐赠了包括京瓷股票在内的 200 亿日元左右的个人财产。加上此后追加捐赠的金额，其规模现在大约是 640 亿日元。

盛和塾、KDDI 和京都奖，全部基于"为社会、为世人"的动机，对我而言，这就是我努力做出的社会贡献。而且，三者设立迄今已逾 20 年，全都取得了丰硕的成果，我对此感慨深切。

（2005 年）

第三章 贯彻顾客第一主义

22 感谢客户

> 对于提出苛刻要求的客户要予以感谢，要将其视作公司发展的恩人，对于苛刻的要求，我们要从正面接受，并努力做到。这样就能适应高标准，增强内力，促使企业进一步发展，经营和人生都会因此发生一百八十度的大转变。

很多中小企业的经营者认为，自己从事的是不赚钱的外包业务。自己既没有技术，也没有其他优势，只能为大企业做点外包业务，因此觉得自己不行，低人一等。我认为这是错误的想法，事实并非如此。实际上凡是取得成功的企业家都是从这种外包业务起步的。

举一个我自己的例子。大学毕业后，我在最初就职的公司里从事精密陶瓷的研究，最早制作出来的是名为"U字形绝缘体"的产品。当时松下电子工业（以下简称松下）已经开始生产电视机的显像管，正在寻找适用于显像管的绝缘材料，于是采用了我开发的产品，这也是京瓷创业时的产品。

虽然我认为这个产品"只有我能做"，但在松下看来，之前就已经从荷兰的飞利浦公司进口了，如果日本买不到，继续从荷兰进口就行了。但由于在日本制造成本低，所以对方请我们生产。换言之,我以前就是松下的外包厂家。

作为松下的供应商,松下每年都会多次同我们交涉,要求降价。随着显像管的产量不断增加,对方就要求:"以前每个月5万支,现在增加到6万、7万,但请把价格降下来。"如果产量增加到10万支、15万支了,或是开始生产已经两年了,还会以这些为理由,提出降价要求。

当我回复"价格已经再难下降了,已经降不下去了"时,对方就提出:"如果是这样的话,我们要检查确认,请你把财务报表拿来。"这令我非常生气,极为恼火,甚至跟对方吵架,还说过"绝不再降价"的狠话。

当时,从事松下外包工作的人有一个协会,其中我做陶瓷,其他有人做金属冲压件,或是塑料成型产品等,多种多样。有一次,我们这些人聚在一起,我说了一句:"松下再要求降价,我就受不了了。"结果在场从事外包业务的人都义愤填膺起来,异口同声说:"原来稻盛先生也是这样啊,我们也是。松下原来也是中小企业,规模很小,就是通过剥削我们这些小微企业才成了大公司。"虽然我也觉得"或许确实如此",但大家一边不满自己被榨取,一边却都穿着高级西装。同时,观察他们的表情,"一点都看不出他们苦得要死的样子"。当时我就想,做松下的外包业务，毕竟还是赚钱的嘛。

然而，这些人却老是喋喋不休地抱怨，这令我觉得很是奇怪。所以，我不再抱怨松下，不再和他们吵架，转而认为，从事外包工作，受到降价的苛求要求，这本来就是常态。于是我对松下公司的人这样说：

"那好，你们砍价吧！如果你们要求降价，我把话说在前头，要降到多低，请你们明讲，我就按你们说的价格做。但反过来，请你们不要再提'把财务报表拿来'这种要求。至于我赚了多少，那是我的本事。我按照你们要求的价格供货，如果用远低于这个价格的成本生产出来，那是我的本事，是我作为工程师的才能，你们不要忌妒。"

但是，这个话是说出了口，接下来应该怎么办呢？回到公司后，我召集干部，对他们这样说：

"价格由客户一方决定，所以，'成本是多少，加上适当的利润，所以售价是多少'这类轻松的话，我们就没有资格再讲了。既然松下定了价格，我们只有用低于这个价格的成本做出来，否则就拿不到订单。而把产品以远低于客户要求的价格生产出来，就是我们干部的责任。请我们大家日夜思考这个问题。"

因此，在我们公司的哲学中就有"价格由客户决定"这一条。换言之，价格不由我们自己决定。把产品以远低于客户要求的价格制造出来，朝着这个方向努力就是技术人员的工作，我就是这么定位的。

结果，这让我们得到了极好的锻炼。再与其他机电厂家合作，远不如松下公司那么苛刻。价格之优惠，甚至让我想问对方："真的以这个价格让我们做吗？"剑道也好，柔道也好，如果经历过与高手的激烈训练，那么就能轻松战胜任何对手。道理是一样的。趁着这股势头，我们进入美国和欧洲市场时，也战胜了当地的竞争对手。

对此我深有感触。其他外包厂家的人说："松下是吸着中小企业的鲜血变大的。"对此，我却想说："你们说什么呢？"对于松下，我们是怎么感谢也感谢不过来呢。正因为有了松下那种苛刻的要求，才有了今天的京瓷。我应该双手合一，表示万分感激："好得很！把我们锻炼成这个样子！"

在对松下有怨恨且倒闭的企业中，也有大阪地区的外包公司。但如果像我一样，感谢严格要求自己的客户，视之为京瓷成长的恩人，正面接受严酷的要求，往好的方向思考，不断努力，那么这样的思维和行为就会成为企业的习惯，融入血肉，带来进一步的成长发展。

同样面对苛刻的条件，说得极端一点，面对如同地狱一般的条件，有的人将其视作真正的地狱，而有的人则视之为通往极乐世界的道路。就因为接受方式的不同，经营和人生都会发生一百八十度的大变化。

（1996年）

23 甘当客户的仆人

> 必须正确应对客户的过分要求。自己要谦卑,像个"仆人"一样工作。这不是自我鄙视,让自己经受屈辱。既然是客户所期待的,就绝不能辜负,要甘愿成为客户的"仆人"。

在京瓷还是小微企业的时候,我虽然身为技术员,却一直在思考,如何才能让东芝、日立、NEC、富士通这样的日本大型机电厂商,以及IBM、GE、西屋电气这样的世界性大企业购买我们生产的电子零部件。这些产品是我研发和生产的,而在销售这些复杂产品时,都需要详细的说明,所以我从年轻时起就和一线的销售人员一起东奔西走。

在日本,在自己派系内的企业总是更受重视,对于不属派系的中小企业所生产的产品,日本国内的大企业往往不愿意购买。因此,我决定去美国,想办法让美国的大企业使用我研发的新材料,于是我开始闯荡美国。

那个时候,客户选择买或不买,用或不用,与其说是因为产品本身好不好,不如说销售人员必须先让客户喜欢。为了让客户喜欢我,我甘心充当客户的"仆人"。

我们当时的产品是面向电子工业的零部件，我在美国最初遇到的机遇就是加州硅谷半导体产业的蓬勃发展，当时由东海岸的贝尔研究所创立的半导体技术转移到了西海岸的加利福尼亚。罗伯特·诺伊斯博士（英特尔的创始人之一）等人创办了仙童半导体公司，开始研究半导体，也就是今天的 LSI（大规模集成电路）。

要制造这样的半导体，安装半导体芯片的封装装置必不可缺。于是有客户向我们提出"能否用陶瓷制作封装"的要求。这个要求非常难以实现，但我们努力完成了研究开发工作，开始向客户提供令其满意的新概念封装。

当时正遇上半导体发展的热潮，再加上产品本身确实出色，所以经常会有客户提出"马上把这个产品交过来"的要求。于是我们在日本一旦把产品生产出来，会立刻用航空快运发出去。但有时候客户会提出不合理的要求，诸如在给出订单的次日就要求将产品送达等。因此，包括我在内，销售部门和制造部门都费尽了心血。

但我认为，"销售人员如果要得到客户的喜欢，就是要像'仆人'一样侍奉客户。所以，即使客户提出了过分要求，也必须正确应对，自己要谦卑，像个'仆人'一样。这不是自我鄙视，让自己经受屈辱。既然是客户的期待，就绝不能辜负，要甘愿成为客户的'仆人'。"我是这么想的，也是这么做的。

在美国，不管客户是多么卓越的大企业，大部分向其供货的供应商都是中小企业。其中有这样的理念：因为美国是民主主义国家，企业不论规模大小都是平等的，所以如果对方提出无理或过分的要求，即便供应商是小企业，做不到的事情也会直截了当地说"No"，这已经成为商业习惯。

但是，京瓷接单的产品，一旦对方要求"马上发过来"，京瓷的销售人员都会赶到旧金山机场，迅速领取办完报关手续的产品，将其装进汽车后备厢，无论清晨，还是深夜，即刻运往客户处。从美国这个民主主义国家的视角来看，我们拼命工作的劲头，简直"太悲惨了"。

我们这么做并不是出于什么算计，但这却感动了客户。于是，"如此高难度、如此重要的产品，能如此快速提供，这非京瓷莫属。"这样的评价传开了。此后，随着加州半导体产业蓬勃发展，京瓷在封装市场，连续多年占据了100%的份额。

现在，美国的半导体产业已经高度发达。当然，这不仅是民用产品，还包括需要高技术的卫星领域在内，所有的发展都离不开半导体。甚至有人评价，支撑今日半导体行业的就是京瓷。

下定决心彻底侍奉客户，不是不情不愿，而是乐观地，发自内心乐意奉献客户，这种态度最终打动了客户的心，结果就是："要封装，找京瓷"。

所以我认为，以关爱之心、利他之心、拼命为客户尽力，同时，理所当然，以亲切、优雅、明朗的笑容接待客户，与客户交往，这是非常重要的。希望大家务必做到。

（2010年）

24 受到客户的信赖和尊敬

要让客户这么说："不管什么情况，我们都只买那家公司的东西。"要达到这种境界，也就是要受到客户的尊敬。关键是公司要创造出这样的局面。

京瓷创业初期，作为经营者，我亲自拜访客户，推销产品。当时京瓷还是一家小企业，还缺乏信用，想与客户会面，却经常遭到拒绝。去大企业拜访时，在大门口向门卫解释："我们是来销售产品的"，但因为事先没有预约，而被拒绝入内，吃闭门羹，这种情况经常发生。

接连发生这样的状况，让我痛切地感受到，想做成生意，想从客户那里取得订单，需要付出很大的辛劳。"做买卖信用第一，最重要的是获得客户信任"这话听得耳朵都起茧子了，所以我也认为，信用确实很重要。

所谓获得客户的信任，就是价格适当，符合客户的期待。同时，准时交货，遇事正确判断，合理应对。信守各种约定，诚实经商。只要这样做，自然就能获得客户的信任。从某种意义上说，我认为这些都是理所当然的。

但是，在工作过程中，我开始渐渐地意识到，还有比信用更重要的东西，因为有信用本来就是理所应当的事。虽然大家都说经商信用第一，但我已逐渐认识到，比信用更高级的东西就是，受到客户的尊敬，它超越信用。换言之，如果超越"信用"这个层面，受到客户尊敬的话，那么订单就会自动送上门来。

我之所以这么想，是因为最初客户对我们推销的产品没有反应。创业伊始的京瓷只是一家小企业，所以客户根本不屑一顾，但随着企业规模逐渐扩大，客户也开始认真对待。但即便如此，也必定有同行或其他领先企业介入，这样一来，客户就会逐一询价，进行比较。

有的时候，客户会比较同行之间的报价，也有的时候，同行还没有给出报价，客户就对我们说："你们的价格太贵，竞争对手比你们低一两成呢！"用这种方法和我们讨价还价。我怀疑竞争对手是否真的给出了这样的低价，回到公司就问："竞争对手给出了这个价格，我们能做吗？"相关部门就会告诉我："这个价格我们无论如何做不到，肯定要亏损。"那为什么竞争对手就能给出如此之低的报价呢？为此，以定价这一点来决定供应商这件事，我深感烦恼。

在这样的情况下，如果某位销售员跟客户长期交易，受到客户的信任，在信赖感不断增强的同时，还受到了客户的尊敬，那会怎么样呢？与普通的销售人员不同，这位销售员的言谈举止，客户见了就会喜欢。就是说，在与客户的交往中，这位销售员流露出了人格，也就是品格。这不是单纯的循规蹈矩，而是在这之上进一步呈现出人的品德品格。这样一来，客户就会觉得京瓷的这位销售员非常了不起，是非常优秀的人。再进一步，因为这位销售员的言谈举止流露出优秀的品格，所以客户爱屋及乌，会觉得京瓷这家公司也是一家品格优秀的卓越企业。

另外，当客户提出"因为把重要产品交给你们做了，所以我要视察一下你们的工厂"的要求，来到工厂后，看到工厂里作业人员的言谈举止，感受到工作现场充满了感谢客户的氛围，就会觉得这家企业果然与众不同，从而留下深刻印象。这里不仅仅是认真努力，正确做事，讲求信用，而且在这些之上还有其他要素，那就是人的人格、公司的品格渗透其间。如果客户能有这样的感受，就会形成一种观念："不是从哪里买的问题，就是要从京瓷买。"

此外，过去曾多次发生过这样的事情，由于客户十分喜欢某位销售员，客户会说："不是从哪家公司购买的问题，就从京瓷的那家伙手里买。"我也曾好几次遇到这种情况。如果能受到客户如此的青睐、喜爱和尊敬的话，客户虽然还是会比价，但这个时候，就能超越价格和理论的逻辑，形成"我们只从京瓷采购"的局面。我认为，到了这个阶段，成交就会变得非常容易。

但是，如果因此就以高价出售，或是把做得不好的产品交付给客户，那么一切信用也好、尊敬也好，都会丧失殆尽。我认为，只要能够获得客户的尊敬，商业交易就会非常顺利。换言之，获得客户的尊敬就达到了商业的极致。

要让客户这么说："不管什么情况，我们都只买那家公司的东西。"我们要尽可能达到这种境界，获得客户的尊敬。我认为，这是最为重要的。

（2009 年）

第三部分 3
―― 激活组织之心 ――

第一章 重视伙伴关系

25　与伙伴甘苦与共

> 要让员工拼命工作，方法有无数种，但越听让人越糊涂。在解决这个问题之前，首先，要把在自己公司工作的员工当作自己的家人一样爱护。如果内心深处不这么想，那么，员工就不可能为公司拼命工作。

今天出席的各位，你们的企业与创业时的京瓷相比，规模都要大得多。我在20多年前，是以资本金300万日元、贷款1000万日元创业的。而且这300万日元的资本金，也不是我自己的钱，而是由其他人出资。我个人当时只有1.5万日元。另外，连公司厂房也是租用的出资人公司的仓库。

这样起步的企业，现在总资本已经达到了800亿日元左右，其中自有资本约700亿日元。就是说，在20年左右的时间里，300万日元的资本金增长到了700亿日元。这个金额中还没有将美国的子公司的资本计算在内。我们在美国有6家子公司，现有员工总数约2000人，每月做出200万美元利润，换算成日元的话就是4.8亿。

每逢我这么讲，总有人会说："那是因为你们拥有特殊的技术吧！"但事实并非如此。虽说是精密陶瓷，但实际上和京都的清水烧（京都特产的陶瓷工艺品，因产自清水寺门前，被称为清水烧。——译者注）很类似。虽然制造起来比陶瓷器难度高，但基本上还是相似的。这类产品原本被称为特殊瓷器或特殊陶瓷器，但创办企业时，觉得把"瓷器"这个词放入公司名称，听起来"很土"，所以用了英文"ceramics"这个词。

那是我来到京都的第四年，当时我连京都话也不太会讲，对于京都这个城市也了解很少。创办这家类似清水烧的瓷器公司，只是在名称上使用了英语，努力让其好听一点。就是这样一家公司，却取得了上述的发展，所以我认为，各位的企业取得同样发展的可能性，是充分存在的。

京瓷为什么能取得如此之大的发展？如果能讲清楚的话，各位可能就会想："那我也做得到。"

公司刚刚起步时，仅靠自己一个人的话，什么都干不了，所以我决心与一起创业的 7 位同志齐心协力，共同奋斗。为此，我首先做了一个决定：必须放弃老是突出自己、"我呀我呀"的这种态度。

现在回过头来看，如果我的父亲是个有点钱的人，为我出了资本金，恐怕就没有我今天的成功了。为什么这么说呢？因为如果是自己的父亲出资创业的话，那么，"我呀我呀"的心态不知不觉就会冒出来。这样的话，其他7人就不会产生与我同心协力的想法。

实际上，请别人出资300万，也就是说，是请别人搭建了工作的平台。在这个新公司里，包括我原先所在公司的上级科长、部长在内以及新入职的员工，大家都是兄弟姐妹。对他们，我使用"伙伴"这个词。我对他们说："让我们作为伙伴，作为同志，共同奋斗，甘苦与共。"

我认为，团结员工这样的事情，经营顾问等也在用各种形式教别人。他们也想模仿，但进展得并不顺利。那是因为，我的这种做法是不能作为战术来使用的。

为什么这么说呢？因为人只听真实的声音。自己讲的这一套，他们似乎听从，但他们明白语言背后的东西，绝对不会受骗。所以，不管自己嘴上怎么讲"同志"呀，"命运共同体"呀，因为不是发自肺腑的语言，所以他们是决不会认同的。

而我的情况是自己没有钱，是请别人出的钱。因为偶然用这种方式创建的公司，所以理所当然，我与大家一样，也是共同工作的一员，就是伙伴。所以，当我说出"请各位作为伙伴，作为同志，和我一起工作"这样的话时，讲的完全就是字面上的意思。

我与大家同甘共苦，共同奋斗时，我实际上是这么对他们说的："经商我虽然不太懂，但让我们像伙伴一样分享成果吧。不管多么微不足道的东西，都让我们分而食之吧。"

在家里，我是七兄妹中的老二。在战争结束前，故乡鹿儿岛遭受了空袭，被烧成一片废墟，非常悲惨。所幸兄弟姐妹都很健康，但家里唯一不允许的就是吃独食。因为兄弟姐妹多达7人，大家都养成了分享的习惯。所以"大家分着吃"的想法乃是理所当然。可能因为是理工科的大学生，我现在还记得，对于大家一起"大家分着吃"这件事，我曾经做过如下理论性的思考：

"我现在要开始从商了，但这个世上充满了贪得无厌的人。举个例子，假设大家正饿着肚子，一个馒头突然落下来，自己如果不马上拾起，就会被被人抢走。做买卖不就是这样吗？

"因为大家都饿着肚子，所以一有馒头落下，瞬间就会出手。假设出手的瞬间，又有馒头接二连三地落下，那么，就会在把抢到的馒头送进嘴里的同时，又出手去抢下一个，这种条件反射式的运动就会发生。

"然而，我们是共同创业的伙伴，获取的食物必须大家分享。在这种情况下，就要用大脑判断。如果用本能判断的话，就会直接将馒头送入自己的口中，所以，'这个要大家一起吃'的想法就必须用大脑来思考。这样一来，瞬间就会犹豫，手就会哆嗦。

"另一方面，在中小企业的大叔经营者中，有人觉得'只要自己好就行了'。有很多人虽然嘴上对员工说些漂亮话，内心想的是'自己要当富翁'。这种人如果获得食物，就会自己一个人独吃。他们不是用大脑思考，而是靠本能行事，也就是靠条件反射行事。我们需要比这些靠条件反射行事的人更早地拿到馒头，而且，因为我们有不少伙伴，所以必须拿到更多馒头。那么，应该怎样训练，才能更快、更多地拿到馒头呢？我们要思考这样的方法。"

就是说，获取的食物不管多么微不足道，也要与这些共同创业的伙伴一起分享，这是前提。我这么说，之所以听起来不是撒谎，就是因为公司不是由我出钱创办的，而是请别人创办的，是大家的公司。如果想要和员工齐心协力，共同经营好企业，就必须进入这样的状态。我认为，这才是真正的伙伴关系。

如果靠世袭继承了家业，那么，要是缺乏将家产赠予别人的勇气，就无法培养出愿意为公司拼命努力的员工。如果只想保全自己，就不可能打造优秀的团队。在这一点上，我的运气很好，因为没钱，所以不得不这么做。

为了让员工拼命工作，很多人提出了各种方法，例如在加薪方式和考评方法中体现员工的希望，或者让员工拥有股权等。尽管方法有无数种，越听让人越糊涂，这些都不是问题的本质。

如果不打心眼儿里珍惜自己的员工，将他们视作自己的家人，员工就不可能真正努力工作，我真的就是这么想的。我因为不懂经营的方法，所以就很自然地做成了这个样子。

（1980 年）

26 经营的目的首先就是员工的幸福

> 如果能实现全体员工幸福，企业永续发展，那么股东的价值也能随之提升。正因如此，经营企业的首要目的不是股东的价值，而应该是追求在企业工作的员工的幸福。

创业后不久，我就把京瓷的经营理念、经营目的确定为"在追求全体员工物质和精神两方面幸福的同时，为人类、社会的进步发展做出贡献"。此后，我们较快地实现了在日本国内证交所的上市，还在纽约证交所也实现了上市。这样一来，自然就有机会更多地接触一般的股东。然而，京瓷的经营理念中却并未提及"股东"二字，一直到现在都保持不变。

在资本主义社会中，公司上市成为公众企业后，经营目的一般认为应该是"追求股东价值的最大化"，而经营者的责任一般认为应该是"努力实现企业市值的最大化"。提升股东价值和市值总额的论调甚嚣尘上。

盛和塾聚集了许多中小企业的经营者。在这里，我经常有机会给大家讲些有关经营的话题。在盛和塾的中小企业经营者中，半数以上是按世袭制继承了公司的经营者。当然也有自己创办企业的人，但更多的人还是在经历了工薪族生活后，继承祖父或父亲所创办的企业。而且，如果这家企业的经营状况还不错，那么继承者一开始就会以社长或专务董事的身份继承。同时，如果在上一代手中企业就保持盈利，且企业里既有主管，也有很多员工的话，继承者就会以为，"经营很简单，就是这么一回事"。这样的例子非常多。

这样的公司，其事业一定是"家业"。在这家公司努力工作，帮助公司发展壮大，不过是为了增加"某某家的家业"，不过是为某某家增加公司资产而已。这时候，越是强调员工"拼命工作""加油干"，就越变成为增加经营者一族的资产而让员工工作。这样的经营者就是自私，就是以利己之心对待员工。

如果以世袭制经营这样的企业，经营者就会心怀愧疚：自己以前不过是一介工薪族员工，没有能力这么年轻就胜任社长或专务董事的职务。之所以能当上这个职务，仅仅是因为从上一代手中继承了企业。而且，在向员工强调"努力工作"时，就更会有所顾虑，担心员工会认为，努力工作就是为了增加你家的家产。心存愧疚，就会犹豫不决。越是有良知的人，这种烦恼就越深刻。

另一种情形是，作为职员入职大型上市公司，在其中崭露头角，最后升任为社长。这样的话，情况会怎样呢？如果将公司视为股东的所有物,将股东价值的最大化视为经营公司的目的,那么就会听从证券市场、证券分析师的主张,为提高股东价值而经营企业。这样,就会为了让素未谋面的股东增加资产而努力工作,努力把公司做好。不仅自己如此,还会要求员工也这么做。

如果经营层还拥有股票期权,股东价值的最大化也就意味着提高自身所持股票的价值。经营层要求没有股权的员工"干活!干活!"目的是增加自己的资产。

因此,如果将公司的目的设定为"股东价值的最大化",那么大家就会认为,经营者是为了增加自身的资产而要求员工"努力干",而且事实也确实如此。在这种情况下,如果遭遇萧条,那么即便对员工强调"要拼命干",也无法营造大家共同奋斗的氛围,更无法让员工产生共鸣和赞同。

然而,既没有经营经验,又没有经营知识的我,却因为将企业的目的定为了"追求全体员工物质和精神两方面的幸福",从而能毫无顾忌地与员工沟通。向他们强调:"我们公司是为了在这里工作的全体员工的幸福而存在的,所以让我们拼命努力,让公司发展壮大,让我们共同追求幸福。"

只要能实现全员幸福,并持之以恒,只要公司能够持续发展,从结果而言,股东价值就会提升。所以不应把股东价值放在第一位,而应把为公司工作的员工的幸福放在第一位。如果能够构建一个良好的环境,让员工能够真正心情舒畅地工作,那么股东也必然会因此受益。这样的话,就根本没必要一开始就强调"股东价值的最大化"或"市值总额的最大化"等。我认为,最为关键的是,打造一家让员工欢喜、满意的公司,并且将这种状态永远持续下去。我确信,我们之所以能让员工从内心赞同公司的经营理念、经营目的,之所以能打造一家齐心协力,共同奋斗的企业,最大原因就在这里。

(2003 年)

27　不辜负信任的经营

> 伙伴间心心相通，以这样的心灵纽带作为企业经营的基础，京瓷迈出了第一步，并创造了今日的成就。企业壮大了，但不能忘记初心，不能辜负员工的信任，必须继续努力，把企业经营得有声有色。

创业当初，我连经营的"经"字也不理解。因此，在经营的过程中遭遇了各种各样的问题。虽然我一开始就非常珍惜与员工的伙伴关系，但还是有诸多的意见分歧。

创业时的28人中，初中刚毕业的员工有20人。入职当初，他们就有不满："想不到企业这么弱小！"因为在面试时，我们借用了支援京瓷创业的那家公司的办公室，他们误以为那是京瓷的建筑。但实际上，京瓷创业时只是借用了这家公司的木质结构的仓库作为厂房。员工知道真相后，就流露出了不满。

诸如此类吧，特别是在如何凝聚人心上，我真是费尽了辛劳。此外，虽说受到了好心前辈们各方面的指导，但对现有技术的前景，我也抱有不安。因为缺乏可以作为规范的、确凿可靠的东西，所以，今后究竟依据什么来开展经营才对呢？我认真思索，烦恼至极。

佛教常说："现存的事物看起来似乎有，实质上是无。"那么"确实可靠的东西到底是什么呢"？我苦苦追究，烦恼不已。要为自己以外的 27 人经营好企业，我感到责任重大，乃至连日难以入眠。

在烦恼纠结，苦苦思索之后，我意识到人心这个东西才是最重要的。"虽说最容易动摇、最难把握的是人的心，但是，一旦互相信赖、心心相连，在这世上，最坚牢、最可靠的还是人的心。"

当时的情况是，我没有尖端的技术，也无法为大家提供丰厚的待遇，这类优越的条件我一点儿也不具备。另外，公司也没有什么知名度，只是一家刚刚成立的企业，没有任何东西可以给予员工。在这种情况下，我认为，最为重要的就是，培养相互信赖的伙伴。

接下来，我就思考：为了培养这样的伙伴，该怎么做才好呢？为了取得员工的信任，首先，我自己必须信任员工。这一点理所当然，然而，这却不是一件简单的事。我想起了在公司创业第二年录用的十几名高中毕业的员工，他们要求改善待遇的事情。

当时，他们进入公司大约一年，基本上已经适应了工作。一天晚上，下班后，他们突然翻脸，拿着按了血手印的联名信来到我办公室，还出示了改善待遇的要求书。其中写着一年一次的加薪幅度最低是多少，奖金发多少，提出了各种各样的要求。

当初，录用他们的时候，我能成何事，连我自己也不知道。所以我对他们说："因为某些因缘，我创办了这家公司。今后，我会拼命努力，让它成为一家出色的企业，你愿意来这样的企业工作吗？"我的话说得很明白，但是，他们入职仅仅一年，就态度强硬，把要求书摆了出来，并宣称"如果不答应条件，我们就辞职"。我这样回答他们：

"这样的条件我不会接受。公司从成立到现在，还不到两年，对于经营，我还没有任何自信。我只是相信，只要拼命努力，总会找到出路。为了一时挽留大家而接受这些条件，如果我做这样的承诺，那就是撒谎。对于做不到的事情，自己没有自信的事情，我无法简单地承诺。但是，相比于大家现在提出的这些要求，到了将来，我想不仅能满足，而且可以超越。我就是这么想的。"

当时，在战后的所谓民主教育中，接受左倾思想教育的孩子非常之多，他们也受了影响，所以他们说："资本家、经营者就用这种好听的话来欺骗我们。"我反驳道："不是我是否欺骗大家的问题，而是大家是否相信我的问题。仅此而已。"谈话持续了三天三夜，最后，我这样对他们说：

"再怎么要求你们相信我，你们也不会轻易相信我吧。但即使如此，我还是想培育相互信赖的伙伴。作为经营者，'只要我一个人好就行'这样的想法我压根儿就没有。我要把这家公司打造成一家优秀企业，让大家认可，觉得'来这家公司真好'。别管我这话是真还是假，大家权当上当受骗，先跟着我试试怎么样？如果大家抱着期待，跟着我干，那么，为了你们，哪怕拼上性命，我也要守护好这家公司。如果我欺骗你们，对经营敷衍塞责，有追逐私利私欲的行为，那么，到时你们可以将我驱逐出去，因为我让大家作为经营伙伴拥有股权。"

经过这样的对话，结果所有人都留了下来。他们现在都当上了部长、科长。偶尔一起喝酒聊天时，当年的话题又会使气氛热烈起来。我以当年对他们承诺的思想为基础经营企业，一路走来，我认为没有错。

最近，有人认为，京瓷之所以取得成功，原因在于我们的技术开发能力。确实，我们拼命努力，针对市场需求进行研究开发，在电子工业的特殊领域内不断推出畅销产品。这当然是成功的原因之一。但回顾过往，我深切地感受到，因为我们把心心相通的伙伴间的纽带作为企业经营的基础出发，坚持至今，所以得到了员工的支持和帮助，并形成了巨大的力量，这才获得了今天的成果。

随着公司的发展壮大，无意中我也会忘记以往的经验，所以我自己要经常反省，不忘初心，不辜负员工的信任，继续把企业经营好。

（1973年）

28　共建卓越企业

> 让我们共同努力，把企业经营好，让大家都能在这里安心生活。大家首先要拥有这种共识，在此基础之上，互相切磋琢磨，打造卓越的企业。"这是我们的公司"，要让所有人都以此为荣，愿意为之努力奋斗，经营者必须营造这样的职场氛围。

这个公司过去取得了优异的实绩，现在的业绩也不错。我认为，从现在的经营状况来看，还蕴含着在未来实现巨大飞跃的可能性。

问题在于，由京瓷 100% 持股的这家公司，今后应该如何经营？这一点必须明确。首先要搞明白，为什么要打造优秀企业？这么做的目的是什么？必须让全体员工都接受、赞同这个目的，产生共鸣，并把它作为奋斗的动力。若非如此，那么即使强调"努力工作，打造卓越企业"，员工也搞不清楚，打造卓越企业到底是为了京瓷这个集团，还是为了和自己一起工作的伙伴。所以，一定要搞清楚"到底是为了什么"。

发给大家的简介上，印着京瓷集团共同的经营理念。"在追求全体员工的物质和精神两方面幸福的同时，为人类社会的进步和发展做出贡献"，这就是经营的目的，为此，就要把公司经营好。我希望，从社长到全体员工都要认识清楚，这一条就是自己企业的经营理念。

京瓷在创业初期就制订了这样的经营理念，并贯彻至今。后来，到公司上市时，我才第一次意识到，股份公司里还有股东，企业对股东也负有责任。京瓷的经营理念中写着追求"全体员工的"，但缺少了让股东也高兴的内容。因为实际上是股东出的资，所以本来也应该写上追求"股东的"这一句。但我认为，只要努力追求员工的幸福，公司业绩自然就能提升，股东自然也能受益。

谈到"全体员工的物质和精神两方面的幸福"的话题，我想就此话题，说一下自己的观点。在座各位的企业，特别是外资企业，不少人是中途从其他公司加入的，所以我听说，有一部分员工有离职去别的公司的打算。

一般来说，对于有家庭的员工而言，如果公司经营状况良好，待遇也不错，而且未来还很有希望，那么今后就会在这家公司安心工作。只有员工这么想，才可能精益求精，努力做好自己的工作。相反，如果公司的经营状况很差劲，也看不到前途，员工就会非常不安，就会考虑离职。因此，我们必须打造

"让员工不仅现在，而且将来都愿意把自己、包括家人在内的人生安心托付"的公司。

在员工中，可能有人抱有短期的想法："我只要现在好就行。如果公司经营不善，到时跳槽就行，反正到哪里都是工作。"然而，对于大部分人来说，只要有可能，都愿意在现在的企业里长期干下去。为了把这样的人留住，企业就需要有相应的吸引力。为此，企业的经营状况必须良好。我认为，首先，这一点必须明确。

所以，经营的目的是追求企业中全体员工的物质和精神两方面的幸福。同时，要为全世界的人类以及为社会的进步发展做出贡献。也就是说，也要对本企业开展经营活动所在的地区社会做出贡献，说得更广泛一点，也要对地球环境等问题做出贡献。

如果要将上述理念加以实践，那么从经营手段而言，那就是必须提供让客户欢喜的产品。同时，为了能够让客户欢喜，员工伙伴之间就必须竭诚尽力，构建相互感谢、相互信赖的人际关系。把客户放到第一位，在公司内部构建和谐融洽的人际关系。只要这样去做，公司就一定能顺利发展，这就是京瓷哲学的根本所在。

"你干的是什么啊？"我经常会这样叱责员工。这不是因为我是公司领导才这么做。而是因为这儿是我的公司，也是你的公司。要把我们大家的公司做得好上加好，这是包括我在内的全体员工的共同愿望。明知如此，你做工作却马虎了事，这是无法容忍的。必须更诚实、更认真地工作。因为我是出于这样的心情，所以批评会非常尖锐。

所以，首先请你和我一起努力，把公司经营好，让大家可以在这里安心生活。大家首先要拥有这样的共识，这一点非常重要。在这一共识的基础之上，互相切磋琢磨。不是因为谁是部长、谁是科长，而是包括一介普通员工在内，大家一起来打造卓越的企业。"这是我的企业"，每个人都这么说，都愿意为企业拼命工作，必须营造这样的职场氛围。

京瓷把这样的思想当作企业的根本。假设上级蛮不讲理，胡乱训斥，或者摆出一副傲慢不逊的臭架子，部下就会指责："这里不只是你的公司，也是我的公司。凭你这样的态度，能把工作做好吗？像你这样的上级，我们不要也罢。"这种下级批评上级的例子，并不罕见。听说，在大企业里，上级拥有的权限很大，如果违背上级的意愿就会被降级调职。但在京瓷，有时下级会抵制上级。因为每一位员工祈愿的是全体员工的幸福。

这样的共识是企业的根本。把这一共识传达到全体员工，那么，大家就会思考，自己如何出力，才能把自己的公司搞得更好。因此，我认为，首先必须明确公司的经营理念、经营目的，这一点最为重要。

（1990年）

第二章 全员参与经营

29 培育具备经营者意识的人才

> 按照需要，把组织划分成一个个如同独立小企业一样的单元，将各单元的经营交给其负责人，由此，该负责人就会产生作为经营者的意识。

京瓷经营管理的根基，是被称为"阿米巴经营"的经营管理体系。我之所以构建这个"阿米巴经营"，目的之一就是"培育具备经营者意识的人才"。

创业当初，我直接管理研发、制造、销售、管理等所有的部门。一旦制造现场发生问题，就必须立刻赶往现场；为了获取订单，必须亲自拜访客户；客户提出投诉，必须冲到第一线去应对。就是说，我一人必须同时扮演多个角色，繁忙至极。

当时我想，如果可能的话，制造出自己的分身，"你去跑销售"；"你马上去制造现场，那里出了问题"。如能分别命令他们的话，那对我得有多大的帮助啊！就像孙悟空那样，只要拔下自己的毫毛，吹一口气，就能变出很多分身。那该多好啊！我甚至一度认真地想过这个问题。

但是，当时还做不到这一步，所以作为公司的领导者，我不得不一个人照看整个公司。然而,随着企业的飞速成长,我意识到,仍然只靠我一个人来负责整个企业,是不可能的了。于是我想,既然如此,那就要培育像自己一样对经营负责的、具有经营者意识的人才。就是说,我希望尽可能多地培育出"具备经营者责任感的共同经营者"。

不管哪家企业,经营者总是孤独的。作为领导者,必须自己一个人做出最终的决断。因此,心中的不安就会如影随形。加上我既没有经营企业的经验,也没有经营的相关知识,所以越发从心底渴望出现与自己同甘共苦、能够共同承担经营责任的伙伴,也就是共同经营者。

实际上,随着公司规模的扩大,包括制造、销售等在内,再要由我一个人事无巨细地管理整个公司,已经几乎不可能了。在这种情况下,一般企业采用的方法是,把销售和制造区分开来,"你负责销售就行,制造我来管。"划分出制造和销售两个部门。

但是,业务内容如果继续扩大,那么销售也好,制造也好,仅靠该部门的一个人也管不过来。比如,如果销售部门需要展开全国性销售,那首先就要划分为东日本和西日本两个区域。如果客户继续增加,就要把东日本和西日本这两个区域做相应的细分,分为 A 地区、B 地区、C 地区等。

另外，制造部门也是如此，精密陶瓷的生产由多道制造工序组成，所以，如果想要详细管理各工序的核算内容，就不能只依靠制造部门的一个负责人。于是，我就把组织划分成被称为"阿米巴"的小单元，让各阿米巴长对核算进行细致的管理。只要把单元划小，各个单元的管理就不会太难，即使不具备很强能力的人，也足以胜任。

就这样，按照需要，把组织划分为阿米巴，形式如同各自独立的中小企业，然后将各个阿米巴的经营交给阿米巴长。我认为，这样的话，只具备普通能力的员工，也能产生经营者的意识。

我认为，这么做的结果，就能不断培育出共同承担经营责任的伙伴，也就是共同经营者。这是我一直以来的渴望。

就这样，把组织细分成容易管理的小单元，将各小单元的经营交给其领导者，借此培养具有经营者意识的人才。所谓阿米巴经营，就是把公司构建成为中小企业的集合体、让全员都拥有经营者意识、凝聚大家力量和智慧的一种经营管理体系。

（2000年）

30 全员一起做出结果

> 我认为，亏损也好，盈利也好，都取决于自己的努力。全员共同制订"预定"（"预算"之意，特指"已经预先确定，所以必须达成"。——译者注），不管环境如何变化，都要为达成"预定"的目标，努力到最后一刻。这就是"全员参与的经营"。

在阿米巴经营中，由各阿米巴自己负责制订月度预定和年度计划，这一行为起着非常重要的作用。我用制面加工厂的例子进行说明。

假设这个制面加工厂生产和销售乌冬面。首先，由制造部门对小麦粉进行搅拌、拉伸、切断等加工，经过水煮，制成面条。然后由销售部门向超市等客户批发销售。制造部门和销售部门根据各自的业务制作单位时间附加值的核算表。

在阿米巴经营中，制订生产或销售的预定时，不只是经营者一个人思考。在制造部门中，包括现场生产乌冬面条的员工在内，大家一起讨论，"这个月要生产这么多"，确立生产预定。销售部门也是如此，"这个月要卖这么多，如果给便利店和百货店供货，应该可以达成目标"，由全员一起来确立销售的预定。

下个月、下下个月的目标同样也是通过全员商讨来确定。同时，制订生产（销售）、费用、附加价值、单位时间附加值的预定目标。当然经营者会予以指导，但预定基本是以部门领导为核心的全体员工、包括临时工在内，大家一起共同制订的。

中小规模的制面加工厂，生产量往往不是由自己决定的，一般的制面加工厂认为："不知道会来多少订单，等拿到订单后再生产吧。"这完全是一种被动的姿态。因此，连现场的临时工都会担心："这个月没有订单，大家闲着，没活干，我们这个公司不会有问题吧。"

在阿米巴经营中，就不会出现这种情况。首先，"下个月生产多少，销售多少"这个目标是由大家共同决定的。所以，当销售人员四处奔波也拿不到足够订单时，连临时工也不只是担心了，而会说："如果闲着没活干的话，我也出去跑销售吧。"旁人说："你去的地方没客户。"他会回答："不，我一定能卖出去。""是我们自己制订的目标，所以一定要达成"这样的意识会在大家的心里萌生。

如此一来，阿米巴经营的核算表不仅仅是为了反映由数字得出的结果，还写入了大家共同制订的预定（要达成的目标），这才是关键。大家共同制订预定这件事，起着引导作用，它意味着为了达成目标,必须全员共同努力。

在阿米巴经营中,大家不会因为一时"出现亏损"或"获得利润"而忧虑或高兴。因为大家认为,"无论亏损也好,盈利也好,都是由我们自己的努力决定的",所以全员就会团结一致,共同创造良好的结果。

为了让全体员工都拥有参与经营的意识,关键在于全员共同制订预定。一旦预定确立,那么不管环境如何变化,都要努力达成,奋斗到最后一刻。这就是"全员参与的经营"。经营不是经营者一个人的行为,必须让包括基层员工在内的所有人共同参与。

不过,如果员工不知道实际的经营状态,就无法参与经营。也就是说,让大家通过看核算表,得知"销售额是这么多,电费和水费花了多少",让大家都知道"我们部门的核算目前是这样的"。否则,全员参与的经营就不可能实现。

经常听说,有的经营者亲自在工厂巡回,关闭电灯,以免浪费电力。其实这是不对的。正确的是,如果该关的电灯亮着,现场的员工就要会去关;如果水龙头不停地流水,临时工也要会立即跑去关上。这才是员工理所当然的行为。为此,就要让职场中的所有员工都参与制作核算表,让大家都拥有同等的经营者意识。

(2007年)

31　提高员工的干劲儿

> 人的欲望是无止境的。正因如此，激励干劲的方式不应是物质刺激，而应该是点燃人的内心。触及人心，震撼魂魄，促使灵魂觉醒，朝着灵魂渴望的方向去点燃全体员工。

在让员工理解经营理念的同时，激发员工的干劲儿，即使在没人看到的地方，大家同样拼命努力，这一点很重要。关于调动员工积极性的方法，我想讲一讲自己的例子。

我们公司的经营理念是追求全体员工，包括他们家人的物质和精神两方面的幸福。我强调把经营的根基置于这一点之上。为了从现在到将来都能维护全体员工的幸福，当然需要大家努力工作。其中的意义，我会对员工做如下说明：

"既然是追求包括家人在内的全体员工的幸福，那就不仅仅是自己的幸福。这就意味着，自己努力奋斗，是为了相聚于此的全体员工的幸福。换言之，就是为他人尽力。"为他人尽力这句话，在这个人情冷漠的时代听上去似乎有些怪异，对此我是这样解释的：

"无论是谁，都会在不太遥远的将来面临死亡，到了那个时候，应该以怎样的心情面对死亡呢？既然降生于现世，那么临死时对于过往的人生是否满足就很重要。但问题是，如何做才能令自己满足呢？不管获得怎样的地位、名誉和财产，仅凭这些恐怕无法满足地离开这个世界。如何才能满足呢？必须得到心灵的满足，或称之为灵魂的满足。我认为，当死亡降临之时，只有能发自灵魂地感受到'活一次真好'，才能称得上满足。

"那么，灵魂满足到底是怎么一回事呢？我认为，从降生于世，到最后死去这一时间段内，在多大程度上为世人、为社会尽了力，将决定灵魂是否得到满足。

"这就是佛教中所说的慈悲或布施的行为。佛教认为，布施这一行为有净化灵魂的作用。这在基督教中称为爱。如果思考爱是什么，那就是为他人尽力，就是付出自我牺牲。如果不付出自我牺牲，就不可能为他人尽力。我认为，为他人付出自我牺牲，这就是爱。只有为他人尽力，也就是只有爱，才能净化灵魂，使灵魂得到满足。

"佛教认为，需要通过修行、修炼来塑造人格，但我认为，能够磨炼灵魂的，只有爱这种行为。正是爱的行为塑造了人格、德性和品性。在人的一生中，多大程度上实施了这样的行为，就决定了这个人的德性。"

所以我一贯提倡，为了全体员工，我们彼此都要付出某种程度的牺牲，以此获得众人的幸福。我想说的是："付出牺牲看似有损自己，但大家都为集团而自我燃烧，不是因为接受了指令，而是自己主动地干，这种行为，与佛教和中国古典中所说的积阴德是相同的。这样的行为不仅能对他人产生帮助，为彼此带来物质幸福，同时也是积阴德。通过这样的努力，你的灵魂就能得到磨炼，最后就应该可以满足地死去。"

我强调的是，不是因为别人在看，也不是因为被人命令才干，而是如何赋予自己动机。为了自己的人生，把帮助他人视作人生大事，并付诸实行。这就是净化灵魂的手段，如果这么理解，那么大家都能点燃自己。

这是一个方法。我想说的是，方法与我不同也没关系。首先，应该确立能与员工共有的价值观，基于这种价值观的公司理念，必须能得到全体员工的共鸣。

必须让大家理解公司的理念，点燃公司全体员工的激情。点燃员工激情，有用工资、奖金刺激的方法。但是，因为人的欲望是无限的，所以不能用物质来利诱，而是点燃人的内心，要用这样的激励方式，这是很重要的。通过这样的方式，触及人心，震撼魂魄，促使灵魂觉醒，朝着灵魂渴望的方向去点燃员工。我刚刚举了其中一个例子,但最为重要的是,首先要点燃全体员工的激情。

(1983年)

第三章 统一方向,形成合力

32　全员统一方向

> 为了实现员工的幸福，就要设定高目标，不断追求成长发展。这时，无论如何都需要拥有以"用这样的哲学推动经营"为基准的思维方式。而且，必须用这样的思维方式来统一全体员工的方向。

在开始经营企业时，我因为不懂经营，所以极度不安。我不断思考怎样做经营才能顺利。在听到优秀经营者的故事时，我会烦恼纠结，持续思考："到底怎么做才能把经营做得那么好？"最终，我找到的经营的思维方式、经营方法，就是"京瓷哲学"。

"京瓷哲学"的根本就是，"作为人，何谓正确？"即将这一正确的思维方式贯彻到底。换言之，就是把作为人最朴实的道德、伦理作为根基，而这正是"京瓷哲学"。

我不仅自己实践这一哲学，而且还拼命地说服员工。但是，在强调自由和民主的社会背景下，越是想将这样的经营哲学教给员工，并在集团中共有这样的经营哲学，就越会受到抵制。对方会以思想自由、言论自由为理由，反驳说："拥有怎样的思想和哲学不是个人的自由吗？"

当然，对于思想和言论的自由，我决不会唱反调。但是在企业这样的组织中，为了实现员工的幸福，需要揭示高目标，需要不断追求成长发展。这时，无论如何都需要拥有以"用这样的哲学推动经营"为基准的思维方式。而且，必须用这种思维方式来统一全员前进的方向，凝聚全员的力量。

特别是公司干部，必须是深入理解公司的思维方式、并从心底产生共鸣的人。"这样的哲学不适合我，我无法接受"，如果这样的人成为干部，就绝不可能凝聚公司的力量。当然，不仅是干部，普通员工也需要团结一心，朝着同一个方向推进工作。要做到这一点，就需要不断努力，以加深大家对公司的思维方式、哲学的理解，并共有这样的哲学。

刚才讲过，我所说的哲学的根本，就是"作为人，何谓正确？"就是以"作为人，什么是善？什么是恶？"作为判断事物的基准，而绝不以利害得失做出判断，这就是我哲学的根基。当经营者提出要与员工共有这样的哲学时，必定会有很多人跳出来反对，说这是"思想管制""思想强制"等。

在企业这样的组织中，为了实现高目标，为了让众多人步调一致，共同工作，就不能以个人的好恶进行判断，必须理解、赞同和共有全员共通的思维方式，这是前提条件。大家首先必须理解这一点。

对于那些认为公司强制自己接受哲学而感到不满的人，应该明确地对他们说："我无法和你一起工作，所以，或许你应该选择离开这家公司。如果说拥有何种思想、哲学是自由的话，那么选择公司也是自由的。我们公司以这样的哲学开展经营，如果你不满意，那么就请你另谋高就，选择符合你自己思维方式的公司。"

"尽管自己无法理解和赞同企业的思维方式，但却装作理解赞同的样子，勉强做事，这对双方来说都很痛苦。请去符合你思想、哲学的公司吧。"实际上，我就是这么说的。这一点在企业内部必须明确。我现在仍然这么想。

大家知道，我在26年前赤手空拳创办了第二电电，公司名称现在变更为了KDDI。在通信领域，我没有知识、没有技术、没有经验，但我成立第二电电，向电电公社这家巨无霸企业发起了挑战。当时，我的想法就是要以哲学为武器进行挑战。我的哲学正确还是不正确，这是一次宏大的实验。我仅仅依靠"京瓷哲学"创办了第二电电，仅仅依靠"京瓷哲学"一路经营到了今天。

（2010年）

33 珍惜传递"想法"的机会

> 经营者的"思想"仅在晨会和会议上传递，是不够的。经营者寻找机会，与员工促膝谈心，传递思想。同时，倾听员工的想法，站在亲人的角度上与其谈心。这种加深心与心连接的机会，我一贯都非常珍惜。

经营者对自己的工作充满自豪，为了把对工作、对公司的热切"想法"传递给员工，并在员工中渗透，该怎么做才好呢？这用嘴说说很简单，实际上却是一个难题。不管如何谆谆相告，能对经营者思想理解并产生共鸣的，五个人中顶多只有一人。说起来悲哀，但这却是现实。

别人帮助我成立了公司，我当上了经营者，自那时起，我拼命地、不厌其烦地、反反复复地将自己的"想法"传递给员工。有时我也会气馁。感觉自己的热情有所消退时，我会告诫自己："经营者就要像传教士那样孜孜不倦地持续宣教，因为这就是我的工作。"以此来激发自己的热情。

基于这样的经验，我能够确定的是，仅靠在早礼和会议上的讲话，看似已经渗透给员工，但出乎意料的是，其实并未有效传递。与此相比，我还有一种好方法，效果要比这样的谈话好得多。

那就是"酒局"。我把这个酒局称为"空巴",一有机会,我就会与员工促膝而坐,一边交杯换盏,一边努力传递自己的"想法"。在这种场合,经营者可以热情地倾诉自己的梦想:"我想把公司做成这个样子。"有时还可以对员工说"昨天我之所以骂你,是因为我觉得,出于信任而托付给你的工作,其中的意义你却没有理解"等,另外,还可以对受斥责的员工进行说明并给予鼓励。当然,不只是单方向传递经营者的"思想",也要认真倾听员工的话,从工作的烦恼到个人的生活问题,不一而足。经营者要站在亲人的立场上,帮他们排忧解难,这也很重要。一杯下肚,心灵解放,话匣子打开,就能敞开心扉,无所不谈。

在京瓷,包含海外公司在内,空巴已经普及整个集团。从总公司到工厂,再到员工宿舍,几乎都必定会设置几十叠(叠为日本计算的面积单位。——译者注)的日式房间,用于员工之间喝酒交流。在美国也好,欧洲也好,空巴是象征京瓷"和"精神的关键词。只要说一声"开个空巴吧",大家就会聚集起来,一手拿着酒杯,团团围坐,超越部门和职务,毫无顾忌地交换意见,展开热烈的争论。

我相信"集团之所以强大的根源，在于伙伴之间相互信赖的心灵纽带"。所以，我认为，即使公司壮大了，员工人数增加了，"空巴"这个舞台，不管何时，都应该珍视。

我曾经在感冒发高烧时，也打着点滴参加空巴，当时可能连续参加了50多场，连日出席了所有部门的忘年会（年终联欢会。——译者注）空巴，拼命向大家阐述下一年度的方针。这个事情现在几乎成为传说一般的存在。

当时，我丝毫没有将参加空巴视为义务。我只有一个念头："就是想和员工交流，传递自己的想法，同时也想知道他们的想法。"我不断鞭策自己，持续出席空巴。由此可见，对我而言，空巴是多么重要。

（2010年）

第四章 玻璃般透明的经营

34 以透明经营为目标

> 公开公司的状况和前进的方向、共有经营数据,是集结全员力量、推动事业发展的基础。虽然这么做可能会让竞争对手知道自己公司的信息,但即使冒着这样的风险,也应该不加隐瞒地向员工说明,让大家能够信赖公司,这一点很重要。

为了在全体员工中共有数字,促使全员参与经营,京瓷在每月月初的早会上,都会发布公司整体以及各个部门的实绩(即实际发生的业绩。——译者注)。此外,在工厂和各个事业部门的早会上,每天都会发布该部门相对于预定的实绩完成率。还有,公司会每年发布一次经营方针,通过卫星或电视转播,向全体员工传达包括经营数字在内的经营方针。

如此这般,通过各种机会公开公司的状况和公司前进的方向、共有经营数据,是集结全员力量、推动事业发展的基础。然而,有不少经营者都担忧,如果玻璃般透明地向员工公布经营数字,就有可能将公司信息泄露给竞争对手。

我认为这不足为惧,即使冒着向竞争对手泄露公司信息的风险,也不能隐瞒,要向员工说明情况。我认为,让员工了解情况，真正安心，真正信赖企业，这才是最为重要的。这种信赖关系所发挥的力量远远超过泄露信息的风险带来的弊端，它能够引领员工发挥更大的力量，推动公司进一步成长发展。

一般来说，赚了钱的中小企业经营者会担心，如果让员工知道了经营状况，员工就会要求"增加工资""多发奖金"等，所以倾向于隐瞒经营数据。另一方面，企业如果没有盈利，经营者就会担心引发员工的不安，所以也往往想要隐瞒经营的真实情况。

但是，经营者一个人的力量再大，也是有限的。如果真的想要构建一家优秀的企业，在经营状况好的时候自不必说，而在经营状况不好的时候，更需要员工在艰难环境下鼎力支持，所以必须与员工建立真正的信赖关系。为此，在公开表达经营真实数据的同时，经营者还要将公司的愿景，即未来想将公司建设成什么样子，包括今后打算采取哪些措施等，与员工共有，这一点非常重要。

全公司共有数据，以透明经营为目标，还能带来另外一个作用。就是企业领导者不得不保持率先垂范、光明正大的姿态。中小企业，特别是由所有者直接经营的企业，往往容易出现领导者挪用公司费用、随意使用招待费等情况。通过透明经营，就能抑制这样的现象。

就是说，即使是与社长相关的招待，也必须和普通员工一样，通过正规的手续进行申请，"因为有这样的理由，所以希望批准这笔招待费"。包括招待费在内，与社长相关的费用都要公开，不加隐瞒。公司因此就能维持公正的运行状态。

在公司内部贯彻光明正大的姿态，对于经营者自身有莫大的好处。因为它能点燃并鼓舞自身的勇气。经营者往往会想："招待费花得自由一点，便于经营。"然而，这样的想法哪怕只有少许，也会失去作为经营者的威势和魄力。因为一旦在心中产生对员工的愧疚情绪，那么威势和魄力就会消失殆尽。

如果能有"我始终光明正大"这样的姿态，就能强化经营者自身的精神力量，激起自身作为经营者的勇气。同时，正因为贯彻了这种光明正大的姿态，并付出了不亚于任何人的努力，员工们才会想："愿意追随这个人""为了他，我愿意拼命努力"，全员参与的经营模式因此就能变得更加坚固。

请大家一定努力把经营数据与员工广泛共有，坚持透明经营，由此，才能与员工构筑真正的信赖关系，把全体员工的力量最大限度地发挥出来。我认为，这就是企业的方向。

（2017年）

35 确立光明正大的企业风气

> 必须在公司内部构建经营管理体系,使其不但能正确表达看似复杂的公司经营的实际情况,对经营做出贡献,还能在公司内部确立正气凛然、光明正大的风气。这不需要专门的会计知识和经验,它应该是所有人都能理解的、单纯明快的东西。

自京瓷创业以来,我一贯坚持"以心为本"的经营。同时,我认为,为了构建与员工的信赖关系,经营就必须"透明"。

为此,经营者要正确地传递给员工,依据公司的经营环境,自己现在在想什么,瞄准的目标是什么,这一点是很重要的。公司的现状、面临的课题、前进的方向等,都要准确地告诉员工,以此来统一员工的方向,凝聚大家的力量。否则,就不能达成高目标,无法克服企业所面临的困难。

订单有多少?进度比计划延迟了多久?利润有多少,用在哪里?公司的这些现状,不仅要让干部,而且要让现场的员工都看清楚。一直以来,我都努力推进这种"玻璃般透明的经营"。现在,我们之所以在日航下尽各种功夫,让全体员工共有经营数据,也是出于这个原因。

这个"玻璃般透明的经营"关键在于领导者率先垂范，保持光明正大的姿态。领导者挪用公司的经费，或进行与业务无关的招待，这些都是绝不能允许的。如果发生这样的事情，就会招致员工的叛离，公司道德的崩溃就会如野火燎原般扩大，甚至可能动摇企业经营的根本。

从这个意义上说，会计所起的作用极大。在企业会计中，如果能够基于"玻璃般透明的经营"这一理念，构筑光明正大的管理系统，就可以防止人为的营私舞弊。即便万一发生这样的行为，也能将其影响控制在最小范围内。

为此，财务系统不需要搞得很复杂。能否做到以追求"作为人，何谓正确？"这一经营哲学作为基础，贯彻"玻璃般透明的经营"，构建公司内部交流通畅的职场氛围，才是重要的。

这种会计处理的思维方式和体系，不仅能够防止公司内部的营私舞弊，而且还是公司健全发展所必不可缺的。我认为，如果没有这样的会计体系，不管拥有多么优秀的技术能力，不管拥有多么充裕的资金，都难以让企业持续地成长发展。

我觉得，京瓷之所以没有误入歧途，一路顺利发展，日航现在之所以能持续拿出漂亮的财务报表，都是因为形成了坚实的经营哲学，构建了以此为基础的会计处理的思维方式和系统，形成了光明正大的公司风气。

快速成长发展的企业突然破产倒闭，这种事例经常发生。这是企业在没有确立会计原则和体系的情况下，组织规模和销售额快速扩大导致的结果。此外，就像以前的日航一样，历史悠久的大企业陷入经营恶化的泥潭，还有像嘉娜宝公司那样，因为财务造假导致公司崩溃，这样的案例有很多。这也都是忽视了企业内部的会计原则导致的。

必须在公司内部构建经营管理体系，使其不但能正确表达看似复杂的公司经营的实际情况，对经营做出贡献，还能在公司内部确立正气凛然、光明正大的风气。这一点必不可缺。这不需要专门的会计知识和经验，而应该是所有人都能理解的、单纯明快的东西。只有如此，才能在企业内部广泛共有，才能加以实践。

（2012年）

第四部分 4

—— 开拓未来之心 ——

古時四象

第一章 重视独创性

36 兼备合理性与人格

> 为了重视独创性，不模仿他人，构筑并确立自己独有的技术，人格方面也必须优秀。说得极端一点，不管科学方面的才能有多高，如果在人格上有缺陷，技术开发绝不会成功。合理性和人格这两者都很重要。

创业当初，我一边搞研究开发，一边还亲自开展销售活动，我把在这个过程中获得的思维方式归纳为"京瓷精神"。其中有这样一条："京瓷必须是开拓者，做别人不做的事，走别人不走的路。"

做别人不做的事，走别人不走的路。这并非我个人的喜好。如果可能的话，我当然想走康庄大道，但京瓷当时是一家小微企业，拿不到订单。为了获得订单，只好做别人不愿做的、看似没什么利润的东西。所以，当客户提出"请做这样的东西"，而其他公司表示"不好意思，出于这样的实际原因，我们做不了"而加以拒绝时，京瓷却说："我们能做。"京瓷就这样，靠捡拾别人不要的订单，一路走来。

当时，我创办这家陶瓷公司时，市场上早已有好几家领先的同行企业，像现在依然存在的名古屋的日本特陶、日本碍子等企业。对于当时员工不足百人的京瓷来说,他们都是高耸的巨人。这些企业不愿做的、放弃的订单,说一声"我们能做",将其捡拾起来。

从技术能力上来说,当时的京瓷并没有明显地超过他们,他们说"做不了"的东西,京瓷不可能轻易做出来。然而,如果京瓷不接那些同行放弃的订单,就没有订单可做。所以,我们夜以继日,埋头研究,不断努力。

这样的冒险行为,或者说这种挑战超过自身能力的精神,成了今日京瓷的活力源泉,营造了不断开发新事物的传统。

从那时起,我就倡导:"京瓷要重视独创性,发挥个性,不模仿他人,确立自己的技术,以此引领世界陶瓷企业的技术发展。"公司成立未久,还是中小企业的时候,我就这么说了。一直以来,我们都重视独创性、创造性,不愿模仿他人,不断思考如何构建自己特有的技术,并为此不断努力。

接着,我又提出:"我们既是具备科学之心的科学工作者,又是合理性和人格兼备的人。"为了确立独创的、不模仿他人的技术,不仅要具备作为科学工作者的优秀,同时在人格方面也必须优秀。说得极端一点,无论科学方面的才能有多高,如果在人格上有缺陷，技术开发绝不会成功。因此，从那时起，我就既重视合理性又重视人格。

此外，京瓷哲学中还有这样一条："我们相信人的能力是无限的，不懈追求人的无限的可能性。"向包括技术开发在内的困难事物发起挑战而无法成功的人，就是因为缺乏这样的思维方式。换言之，自己的能力可以通过努力得以提升，但不相信这种可能性的人就无法获得成功。

这不是说要轻率莽撞地去做事。自己拥有多大的能力，可能就连自己也是不知道的。正因为不知道，所以首先应该相信自己身上潜藏着卓越的才能和能力。我认为，自己的能力可以通过磨炼得以无限释放，同时我也劝说员工们这么去想。

在各种各样的聚会上，与一流企业或大公司的社长们见面时，对方经常会说这样的话："稻盛先生的公司了不起啊！能够接二连三地开发出新东西。我们公司这样的技术一点都没有，所以很困惑。请问有什么好的方法吗？能够教给我们一些有用的技术吗？"也就是说，他们认为，因为自己没有技术背景、没有技术人才、没有足够的资金、什么都没有，所以技术开发就无法展开。

这种时候，我都是这样回答的："社长，您说得不对吧。正是因为您自己觉得做不成，觉得自己的技术人员不行，所以才无法做成。应该让他们试一试，或者您自己尝试一下。因为不相信人的能力中蕴含着无限的可能性，所以才会踌躇不前。不管遇到什么机会，如果首先想到的是'我们公司不行'，那就真的不行了。技术开发并不是因为有了技术背景就能成功的。"

介绍一个我们公司的例子。有一个产品名叫便携式电脑，我们明天就会开始在美国市场销售。这个产品不仅是电脑，电脑只是其功能之一，我们还将其定位为面向商务人士的工作站。对于商务人士而言，办公桌上必定会有一个电话，但过不久就不再需要了，而是被我们的便携式电脑取而代之。我们期待这款前所未有的便携式电脑会成为畅销商品。

这台电脑的研发在两年半之前开始立项。当时，京瓷的电子机器事业本部从事的是通信设备、音频设备、复印机、收银机等产品的生产制造，没有半点儿与电脑相关的基础技术。但我们认为，今后应该展开与办公自动化相关的业务，因此，研发独特的电脑产品就必不可缺。

正在思考这件事的时候，我在从美国出差回日本的飞机上遇到了一个日本青年（ASCII的创业者西和彦），他坐在我旁边的座位上。在抵达成田机场之前，就电脑的理想形态，我们充分交换了意见，由此我就想到了新型便携式电脑的概念。

于是我立刻召集了年轻技术人员，指示他们朝着这个方向、做这方面的工作。尽管是毫无经验的领域，但他们只花了一年就试制出了第一台样机，开始今年1月份就量产出货了。

我想说的是什么呢？就是人的能力中潜藏着无限的可能性。而不相信这一点的人，这样的挑战连想都想不到。

其实，这个便携式电脑，我是不会用的。我现在把它拿回家，拼命练习，但因为不会打字，所以用不好。估计日后本公司员工的桌子上都会放上一台这样的电脑，所以全员都要学会如何使用，但像我这种旧时代的人，就有点困难了。

但想还是可以想的。思考哪些问题要如何解决，要开发出怎样的电脑，然后向员工发出指示"你做这个，你做那个"。我还派了四五名看上去较有素养的员工去美国学习电脑软件，他们去西雅图的微软公司，与对方的开发团队共同研究。由于这些员工不太懂英语，也不怎么懂技术，所以非常辛苦。

需要付出如此程度的努力，才能把东西做出来。而正是因为相信了人有这样的可能性，才能做成功。我是从事精密陶瓷的技术员，专业是化学。电子学我是外行，所以我无法从电子电路入手，而只能从材料方面入手，但即便如此，我还是能够制造出这样的产品。也就是说，正因为我知道自己的能力是无限的，才能不断向新事物发起挑战。

（1983年）

37 变假为真

> 经营者问技术员："这样的东西能做出来吗？"这时，技术员往往只会依据自己现在的能力，在力所能及的范围内做出承诺。然而，这样做不会有进步。只有不断要求做出超越现有能力的东西，才能孕育出技术开发的巨大力量。

我们公司起步于 1959 年，当时员工不足 30 人。开始时我们既没有技术，也没有可以销售的产品。当时正好是开始生产电视机的时代，我们制造了用于电视机显像管的 U 形绝缘体和阴极射线管这两个零件，到处去推销，付出了许多辛苦，但结果却很不理想。

为了有东西可卖，没别的办法，无论如何都必须生产出既有的领先厂家无法生产的产品。我们到处拜访客户，向客户强调"别人做不了的东西，我们都可以做"。其实，这完全是假话，连技术都没有，却说"可以做"，借此从客户那里取得订单。我会在头脑中衡量员工的能力，再加上我这个领导者自己的努力，对客户承诺"如果给我三个月，就能做出来"。这样来获得其他公司因为做不出来而拒绝的订单。

一旦订单到手，就会连日连夜持续挑战。虽然有少数产品到了交期也做不出来，最终只好放弃，去向客户道歉，但大部分产品都能按承诺的日期交货。

自创业以来，这样的事情接连不断。就是说，接单时说"可以做"，看似假话。然后千方百计在交期内做了出来。从结果而言，如果能够按照承诺的时间交付产品，那就不是假话了。好比佛教中的"方便法门"，应该能够获得谅解。这是我个人的解释。当时为了吃饭，才不得不采取这样的鲁莽做法。

然而，正是这种做法，实际上成为今天技术开发的原点。在与各大厂家的技术员交流时，我深刻地感受到，他们与我们之间有一个巨大的差异。那就是在技术开发时，他们只愿意在自己现有能力能够触达的范围内做出承诺。如果经营者问："这样的东西能做吗？"技术人员一定会思考自己现有的能力。如果把"能做"这句话说出口，就等于是做出了承诺。如果结果不好，他们就会被追究责任。所以，理所当然，他们会留出相当的余地，只在自己确定能做成的范围内做出承诺。但是，这样做就不会带来进步。

我们公司不采用这样的做法，我们总是要求员工做出超出自己现有能力、超出自己开发团队现有能力的产品。这个习惯是在当时没饭可吃、拼命争取订单的艰难困苦中养成的，但这却成了技术开发的巨大推动力。

例如，在为期两年的开发课题中，想要开发某个产品，就要预测在开发过程中自身技术的成长。到了明年的某月前后，自己和自己团队的能力大概能提高到这个程度，把这些内容纳入考量范畴，然后再做出该产品可以开发成功的判断。

以未来的某一时间点为焦点，努力在这之前达成既定的目标。这就是用所谓"进行时"来看待自己的能力。因为能力总是不断进步的，所以我认为，如果不能用"将来进行时"来测定、预测自己的技术开发能力，就无法成为优秀的技术员。

为了追求高附加值而开展技术开发时，面对开发团队，我总会诉说技术开发的浪漫理想。我对他们说，利用我们的技术，可以开发出各式各样的产品。这样的期待感能够点燃技术开发的热情。现在，在我们所参与的产业领域、研究领域、技术开发领域，都潜藏着巨大的可能性。接二连三开发出新产品，就可以开辟出美好的未来。我们彼此之间都在这样不断描绘研发人员的浪漫理想，而这就会转变成研发工作的热情，也赋予研发工作以动机。

（1976年）

38 成为创新型领导者

> 领导者必须始终保持一颗创造之心,必须不断寻求和创造新事物,保持创新思维。如果不能把创新思维不断地植入团队,这个团队就不可能获得长期持续的进步和发展。

领导者需要有创造性。因为我们从事的是制造业,所以在技术开发等方面,有无限发挥创造性的舞台。特别是对于领导者,我一直强调,要"不断从事创造性的工作"。

在《提高心性 拓展经营》这本书里,我是这样写的:

"领导者必须始终保持一颗创造之心,必须不断寻求和创造新事物,保持创新思维。如果不能把创新思维不断地植入团队,这个团队就不可能获得长期持续的进步和发展。安于现状的结果,就是团队的退步。

"如果领导者安于现状,整个团队也就会不思进取。这样的人成为领导者,是团队最大的悲哀。

"创造是在思考再思考、透彻思考中,在殚精竭虑、苦思冥想之中,才有可能产生的。从突发奇想中,从心血来潮中,是不可能产生的。

"所谓创造之心，就是强烈而持久的愿望所催生的永无止境的追求之心。领导者应该成为深刻思考的人，就是在痛苦挣扎中，在摸爬滚打中，孕育创造性的人。"

前不久，我们以大约 800 亿日元的价格收购了美国的 AVX 公司，考虑到当前的日美关系，我们采用的是股票交换的方法。迄今为止，谁都没有尝试过这种跨国换股的方法。京瓷和 AVX 恰好都是在纽约证交所上市的公司。在美国，上市公司之间的收购方法有三种，第一种叫"Cash Deal"，也就是现金购买的方式；第二种是股票交换，或现金购买和股票交换的混合方式；第三种是 LBO（Leverage Buy Out，用将要收购的标的公司的资产或将来的现金流作为担保，从金融机构融资，进行企业收购）。

当这种交易跨越两个国家时，收购方法不同，其意义也会不同。像现在这样，当日本经济处于强势地位时，如果用现金收购美国企业，对方会产生一种日本在经济上侵略美国的感受，于是我就思考有没有更为柔和的方式。如果是股票交换的话，虽然站在被收购方来看，是被并入对方的集团，但如果站在股东的角度来看，却是持有了母公司的股份。

换言之，以前是美国 AVX 公司的股东，但以后就变成了包含日本在内的跨国公司——京瓷的股东。虽然作为公司来说，是被京瓷收购了，但作为股东来说，却因此持有了母公司京瓷的股份。考虑到情感上两者印象截然不同，我相信"实行股票交换的方式，这才是全新的收购方法"，于是我们寻求大藏省和法务省的许可。

然而，两部门给我们的回复却都是"不要做以前没人做过的事情"。对方问我们："用现金收购应该就可以吧，为什么要用股票交换这种麻烦的方法呢？"我这么说明："用现金收购虽然简单，但考虑到今后的国际关系，我们必须采用股票交换的方式，我相信自己的这个判断。"

京瓷的美国律师也说："为什么要故意选择这种困难的做法呢？"对此，我回答说："只是模仿他人，理想的收购就无法实现。即使有困难，我也要去做这种创造性的事情。"

最后，我的主张被接受，采用股票交换方式的并购取得了成功。在纽约的记者招待会上，京瓷和 AVX 友好"结婚"，受到了正面的评价。

（1989 年）

39 拥有燃烧般的热情和激情

> 无论挑战什么创新性的事业，其源泉只有一个，那就是热情。"无论如何都必须干！"这样的热情变成蒸汽，从身体中蒸腾出来，接触到外部的空气，凝结成露水，露水滴落，化为结果。

有一次，在某东证一部（东京证券交易所第一部。——译者注）上市公司，研发部门的干部们向我提问："为什么京瓷能够接二连三、不断地开发出那么优异的产品呢？"我是这样回答的：

"绝不是因为我们公司拥有很多优秀的人才。为什么能接二连三地开发出优异的产品呢？这是因为我们的技术人员拥有燃烧般的热情和激情。"

我认为，无论挑战什么创新性的事业，其源泉只有一个，那就是热情。"无论如何都必须干！"这样的热情变成蒸汽，从身体中蒸腾出来，接触到外部的空气，凝结成露水，露水滴落，化为结果。必须拥有如此强烈的能量和热情。

做个比喻，在物理学中，当想要移动物体或提高能量级别时，就必须从外部注入相应的能量。在这里，我说的不是物质能量，而是我们拥有的热情，也就是精神上的能量。如果面对挑战对象时没有强烈的热情，新事业就无法实现。

即便是拥有优秀头脑的研究人员，如果仅仅抱着打工的心态，就无法产生点燃自我、甚至不惜燃烧殆尽的热情。所以，首先最为重要的是，必须营造环境，让奔放的热情充分燃烧。

我经常有这样的感受，像现在这样，在这么多人面前讲话时，可能大家无法感觉到，我自己是非常疲劳的。如果连续讲上几个小时，就会精疲力竭。

这是因为，能量通过语言发生了转移。也就是说，我认为，让对方产生感动、产生共鸣，其实是因为能量发生了转移。正因如此，不论是否善于讲话，讲话的方式都不能马虎。当然，听众也不能抱着马虎的态度去听。这跟发报机的原理是一样的，同样是发出能量，但根据接收方式的不同，接收到的东西是不一样的。如果是优秀的接收方，就会采用良好的接收方式。因为能量就是这样发生转移的，所以我认为，听众越多，讲话的消耗就会越大。

从事研究工作也是一样。如果能量和热情激烈燃烧，并作用于对象时，那么只要不是能力太差的人，就能取得成功。所以，我认为拥有强大的能量、热情，比什么都重要。

从这个意义上说，能够持续燃烧自身能量和热情的人，是非常了不起的。我常说，人有三种。一种是能够靠着自身的能量和热情不断燃烧的人；一种是如果接收到他人注入的能量和热情，就能燃烧的人；还有一种是，不管注入什么都无法燃烧的人。这就是自燃型、可燃型和不燃型的三种人。可燃型的人需要用火柴之类去点火，才可能会燃烧；而像陶瓷一样的不燃型的人，即使点火，也根本无法燃烧。我意识到，人可以做这样的分类。

如果注入能量就能燃烧起来，这样的人还能接受，但如果像陶瓷一样，根本无法燃烧的人，那就完全不行了。这样的人，我甚至不希望他成为研究工作的伙伴。这样的人非常冷漠，怎么说能量都无法注入。要让这样的人动起来，是一件非常累人的事情，我自己都会有很大的消耗。

如果燃烧的方向错了当然不行，但我最需要的，是不用我注入能量，也能自我燃烧的自燃型的人。我非常需要这样的人。

（1977年）

40 日日创新

> 即使一天所能做的创新、创造微不足道，但只要源源不断，持续努力，就能带来技术开发的成果。不愿做出这种努力的人，即便强调"要开发新技术"，也是痴人说梦。

不断从事创造性的工作，这已经成了我们的习性。结果就如大家所知，现在的京瓷，事业拓展到了众多领域。然而，我们并非一开始就拥有相关的技术，最初有的，只是"无论如何都想做出这个东西"的愿望，这样的愿望越来越强烈，随之带来了各种各样的机会。

例如，招募到经验丰富的优秀技术人员，就能借用到他们的智慧；或者是别人前来求助，"公司快破产了，很痛苦"，我们出手相助，结果又借用到了这家企业拥有的技术。如果自己历来没有开拓新事业、从事创造性工作的愿望，那么即使收购了前来求助的公司，也无法充分运用其资源，而会仅仅止于收购，这样的例子有很多。正因为京瓷具备不断从事创造性工作的习性，这样的事情才能做成。

经常有人说："我们既没有技术，也没有人才，更没有用于开发的资金，所以即使想要从事创造性的工作，也无法做到。"

但我会说:"从事创造性的工作,不需要复杂的技术。我建议你对现在所从事的工作,钻研创新,改良改善。明天比今天进步,后天又比明天进步,持续改良改善。"

一天的改良改善,可能仅止于把物品从一个地方移动到另一个地方,或是把以前搬运时一次抓取两个东西改良为一次抓取三个。但是,昨天改善到了这个程度,如果今天还想要创新,就必须进一步下功夫。即使每天的变化很小,但一年365天,每天都不断创新的话,结果就会有巨大的改变。

举例来说,即使是工厂里的清洁工阿姨亦是如此。一开始可能是用扫帚打扫;为了打扫得更干净,就用沾水的拖把打扫;如果用拖把也打扫不干净,就可以向厂长提议:"实在对不起,请问能否购买清洁地板用的吸尘器?使用吸尘器,我就能清洁现在5倍的面积。"吸尘器买来以后,以往需要5个人打扫的面积,现在只要一个人就够了。

再进一步,如果继续创新,寻找更多的工作机会,甚至可以自己创办专门清洁大楼的公司。如果只是拿着一把扫帚,每天都只按指令行事的话,一辈子都只能扫地。但如果持续创新,就能向客户提出:"请让我再负责一栋大楼的清洁工作,我一定会做到尽善尽美。"然后雇佣一个人、两个人,甚至包下十层大楼的清洁工作。

上述的事情不是因为头脑聪明才能做到。即便原本只是一介清洁工大妈,也会因为每天每日不断改进,在几年后承包下整栋大楼的清洁工作。

即使一天所能做的创新创造微不足道,但源源不断,持续努力,就能带来技术开发的成果。不愿做出这种努力的人,即便强调"要开发新技术",也是痴人说梦。没有每天的创新、创造,技术开发不可能成功。我是这么想的,也是这么做的,我对员工也这么说。

(2004 年)

41 成为"有知识的野蛮人"

> 既没有航海图，也没有指南针，当踏入未知的世界时，如果没有孤身一人挑战新事物以求生存的自信，就无法前行。总想寻找依靠的人生态度，无法胜任创造性的工作。

如果不经常向新事物发起挑战，公司就会倒闭，自创业时起，我就有这样的危机感。所以，不断从事创造性、创新性的工作，对我而言，不是能不能的问题，而是本性，或者叫宿命。

京瓷从显像管的零部件起步，不断生产出各种各样的产品。例如，由于陶瓷有很强的耐磨性，所以我们认为它应该可以用于易磨损的纺织机械的线圈、泵的零部件。我们利用陶瓷特有的物理特征，不断开发各种新用途。如果不这么做，我们就难以生存，出于这样的危机感，我们接连不断地开发出各种新的产品。

京瓷这家企业背负着一种宿命，就是要做独创性的工作，挑战谁都没有做过的东西。而这就提升了技术开发的能力，同时也引导我们事业走向多元化。

一般而言，企业必须有自己的专业，必须不断磨炼自己擅长的技术。正所谓"选择和集中",如果选择后不将精力集中于自己擅长的领域,事业就无法取得成功。经常有人告诫,如果什么都想干,到处出手,就会出现"务广而荒的经营",导致处处落空,什么都得不到。但京瓷不一样,如果仅靠某种单品,不知道在什么时候这个单品就会被淘汰,所以为了生存,必须不断开发新产品,我一直就是这么想的,这是在创业时就作为遗传基因 DNA 植入了京瓷。现在,我们不断展开多元化,开发各种各样的新产品,正是基于京瓷的这种 DNA。

其实,这个 DNA 在比创业更早之前就出现了。我大学毕业时是 1955 年,当时距第二次世界大战结束仅仅十年,朝鲜战争刚刚结束,经济非常萧条。在求职艰难中,终于有一家名为松风工业的公司录用了我,但这家公司是赤字经营,工资经常迟发。

当时的我境遇凄凉,而富裕家庭出身的孩子,或是一流大学毕业的学生,或是即使就职困难,却仍然被大企业录用。我对他们很是羡慕,于是我描绘了这样的景象。

那些大企业的工薪族,如同是走在堤岸的柏油马路上。就是说,他们走的是好路,又如同乘上了自动扶梯,快速向前。我也想走上柏油马路,奈何别人不让我走。尽管如此,我仍想爬上堤岸,走上柏油马路,但却失足掉落下来,掉到了下面的田间小道上，结果就不得不沿着田间小道继续走了下去。

精英集团的那些人都走在堤岸的柏油马路上，我却只能并行走在下面的田间小道上。为什么偏偏是我会如此倒霉呢？走在小道上，不但双足泥泞，而且还有蚂蟥叮咬，一步一滑，根本没法好好走路，处在非常不利的地位。

然而，当时我却是这样想的："走在柏油马路上，其实难以有新的发现。前面已经有很多人走过了，所以路面上很干净，什么也找不到，什么也得不到。但在田间小道上行走，既有蜻蜓，又有青蛙，可以发现和捕捉很多东西。这更适合我，哪怕辛苦，我也愿意走田间小道。"

大家都在走惯了的道路上，按照别人的指令，漠然前行。但是，我走的却是过去从来没人走过的路。前面可能遇到河流，可能遇到悬崖，前行路上遇到的所有这些问题，都必须自己思考，自己解决。不下苦功夫，不搞创新，那么，在这种从未有人走过的道路上就无法前进。在有生之年，不断遭遇新事物，不断思考新问题，不断创新创造，在这条道路上不断前行，就是我此生被赋予的宿命吧。自己的一生，恐怕都要走前人没有走过的道路吧。从大学毕业踏入社会时起，我就深切地感受到了这一点。

后来，在京瓷创业三十多年时，美国知名记者、普利策奖得主大卫·哈伯斯坦曾出版过名为《下个世纪》的著作。在书中，大卫写道，我在接受他采访时说过："我们接下来要做的事，又是别人认为我们绝不可能做成的事。"曾有这本书的读者给我写信，赞赏这句话"气魄逼人"。由于始终都行走在田间小道上，不断开拓成了习性，所以在接受采访时，这句话才会脱口而出。

此外，记得在某次讲演或座谈会上，我还说过这样的话："我没打算成为聪明听话的研究员或技术员，而想成为有知识的 barbarian。barbarian 是野蛮人的意思。正因为野蛮，才会向新事物发起挑战。我觉得，作为人，这才更有魅力。"不过，我说的不是一般的野蛮人，而是非常聪明的、有知识的野蛮人。如果仅是有知识的话，那么，即使聪明，但缺乏力量也不行。所以我曾说过"希望自己始终是一个有知识的野蛮人"。

要开展新的开发项目，就必须成为有知识的野蛮人。如果已经有前人做过，或已经有人写过论文，再做就意味着是模仿，所以就称不上是新技术开发了。尽管可能不是高难度的技术，但我们从事的都是全新的、史无前例的事情。这就如同航海时没有海图，前行时没有地图一样，就连现在走到哪里、朝着哪个方向走都不知道。

换言之，在既没有航海图，也没有指南针的情况下踏入未知的世界，这就是技术开发。即便是不起眼的技术，只要是别人没有做过的，都属此列。这种时候，总是容易失去自信，难以迈开步伐。"这样做行吗？""这么走下去对吗？"难免茫然失措。要想前行，需要巨大的勇气。前面我说过，要成为有知识的野蛮人，这时候，如果没有孤身一人不断挑战新事物，以求得生存的经历和自信，就难以迈步。总想寻找依靠，就无法胜任创造性的工作。

从事创造性的工作，已经成了京瓷的 DNA。正因迄今为止都不断从事这样的工作，京瓷才有了今天的巨大发展。我希望，不仅干部，而且全体员工今后仍要遵循这样的生存方式。希望大家始终将自己视为开拓者，站在开拓者的立场上不断推进事业。

（2004 年）

第二章 设定高目标

42　成长的力量源泉是梦想、愿望和愿景

> 共有崇高的愿景，众多的员工都怀抱"想干成这样"的强烈愿望，这样的集团就能产生巨大的力量，足以克服种种困难，朝着实现梦想的方向前行。与此同时，为克服困难所需要的创新、创造也会应运而生，这也会引发新的技术开发。

创业不久后，我就日复一日地在企业内部向大家诉说京瓷的愿景，也就是应该追求的目标。将来到底要把京瓷做成什么样的企业？我努力描绘充满梦想的愿景，不断向大家昭示。

作为经营者，必须向大家揭示自己企业追求的目标，必须将其作为明确的愿景展示出来。无论如何都要实现这一愿景的强烈愿望，要与员工共有，这一点必不可缺。

创业之初的京瓷是一家小微企业，只要经济环境和市场稍有变化，就可能破产倒闭。我虽然一心想让这家脆弱的企业实现巨大发展，但要做到这一点，到底应该怎么做才好？我却是一头雾水。但即便是这样一家没什么了不起的技术，没有设备、没有资金，连明天会怎样都不知道的企业，我却在寻求一切机会，向员工们诉说自己的梦想。同时，我又想通过持续不断的

创新创造，将公司经营得更加出色。

"现在虽然还是小微企业，但首先要在这个创业之地——京都的西京原町成为第一，在成为西京原町第一之后要成为中京区第一的公司，成为中京区第一之后，要成为京都第一，成为京都第一之后，就要成为日本第一，成为日本第一之后，最终要成为世界第一的公司。"

回想当初，这样的说法完全是不着边际，但我却利用各种机会，不断向员工们诉说。当时，不要说日本第一、京都第一，就连要成为西京原町第一，也不太可能，因为那里有好几家看起来根本无法超越的大公司。但即便如此，我还是不厌其烦地不断诉说自己的梦想。

这样一来，开始时半信半疑的员工们，不知从何时起，开始相信了我所描绘的梦想。同时，作为经营者，我在不断倾诉自己梦想的过程中，梦想变成了自己的信念。就这样，京瓷举全公司之力，朝着实现远大愿景目标的方向，齐心协力，不断前进。在持续付出不亚于任何人的努力的同时，不断钻研创新，成了向着新技术开发不断迈进的企业。

创业后半个多世纪的今天，在精密陶瓷领域京瓷集团已经成了当之无愧的世界第一。不仅如此,从装备产业到服务行业,京瓷在多个领域开展事业,现在已经成长为销售额超过一兆日元的企业集团。

企业中,众多员工是否共同拥有"想干成这样"的梦想和愿望,将决定企业的发展势头,即成长力。共有崇高的愿景目标,众多员工都怀抱"想干成这样"的强烈愿望,这样的集团就能产生巨大的力量,足以克服种种困难,朝着实现梦想的方向前行。与此同时,为克服困难所需要的创新创造也会应运而生,这也会引发新的技术开发。这种力量的源泉就是"梦想"、"愿望"和"愿景",而向大家明示这样的"梦想"、"愿望"和"愿景",则是经营者的使命。

(2010年)

43 成功的关键

> 如果能够积极主动,满怀希望地设定远大的目标,就能朝着实现目标的方向不断集中能量。相信"人拥有无限的可能",全力以赴,埋头工作,就能成就难以想象的伟大事业。

在创业未久,公司还只是京都的一介中小企业的时候,我就开始不断强调:"京瓷要有全球视野,要朝着'世界的京瓷'前进。"我觉得,正是因为自己充满希望,极度乐观,才能说出这样的话。

自己设定高目标,就能将能量集中于这一目标,这就是成功的关键。如果没有目标,就会碌碌无为,虚度光阴。正因为乐观地描绘远大的梦想、目标,才可能成就无法想象的伟大事业。

自创业以来,为了确立独有的技术,引领世界陶瓷行业的技术发展,京瓷公司发扬个性,绝不模仿他人,注重独创性。之所以这么做,是因为我们相信,只有发挥独创性,企业才能发展。

最近，我们正在利用精密陶瓷的技术，推进陶瓷引擎等产品的研发，公司的技术能力也逐渐得到了社会的认可。但即便到了今天，我们仍有模仿他人的部分，所以我认为，今后必须更进一步，更好地发挥独创性。

创业当初，我们的能力非常有限，而且缺乏经验和技术。不仅如此，我们创业时，其他同行早已经形成了群雄割据的局面。在这种情况下，我不断强调："我们相信人的能力是无限的，我们不知餍足，追求自身的可能性。"不管是什么人，神灵都均等地赐予了无限的、卓越的能力。在此前提下，我们相信："因为拥有无限的能力，所以自己的人生应该可以拓展，变得更加精彩。"因此，我们全力以赴，投入工作。一味相信自己的可能性，并不断追求，结果，先行的大企业一家又一家被我们超越，造就了今天的京瓷。

如果仅仅用理性判断事物，那么不要说世界第一，就连成为创业所在地——西京原町的第一都不可能，公司说不定早已破产。

归根到底，我们是搞技术的，所以必须拥有科学之心。这也叫合理主义、理性主义。但另一方面，我们也必须追求人性、人格。就是说，我们必须拥有与合理性和理性不同的那个"心"。

即便强调"人拥有无限可能",如果用理性思考的话,马上就会得出相反的结论——"实际上这是不可能的""这种愚蠢又荒唐的想法,不可能变为现实"等,这就是自我设限。相信"人具备无限可能性的",不是"理性",而是与理性不同的那个"心"。这部分的"心"超越合理性和理性的领域,驱动公司一路成长为"世界的京瓷"。

(1990年)

44 怀有渗透至潜意识的强烈而持久的愿望

> 只要心中怀抱"要干成这样"的强烈而持久的愿望,就会在不知不觉中朝着这个方向努力。如果思考这种问题达到夜不能寐的程度,就一定能获得解决问题的灵感,进而找到方法和策略。这与头脑是否聪明无关,而是取决于在多大程度上持续思考自己想要解决的问题。

在这个混迷的时代,作为与我共同经营企业的伙伴,我希望大家能忠实地坚守下列要点。这是在经营企业时,领导者应该具备的基本资质。

首先,要明确设定企业经营的目标。我用"愿望"这个词来表达设定目标这件事,就是在心中祈愿、思考的意思。设定企业经营的目标时,不能仅仅只是设定目标,即便是在混迷的时代,也要在心中怀有"想干成这样"的强烈愿望,这一点很重要。

当前,在设定目标时,诸多条件都非常严峻。鉴于世界形势和国内形势,现在不可能设定高目标。如果单纯用理性来设定,无论如何都只能设定安全的低目标,而我所说的愿望,则是在相信自己,或相信人具备无限可能性的前提下,冒出来的高目标。

公司有很多员工,也有很多股东和客户。为了满足他们的需求,让他们感到高兴,如果心怀"想干成这样"的强烈愿望,就不应该以环境不好为理由设定低目标。

意志所在,道路打开。以此为前提,为了引领公司成长,就应该设定高目标。

一旦设定了高目标,就要在内心将其强烈地描绘出来,而接下来的关键就在于,对于自己在心中强烈描绘的愿望,要持续不断地反复思考。

"上半年要做成这样""下半年要做成那样""一年间要做成那样"。一般的经营者只在设定目标的时候这么考虑,在日常工作中往往会忘记,这样的例子很多。到了期限,如果进展不顺,实际的业绩没能达到自己设定的目标,就会将原来的目标调低,应付了事。

但我认为,在心中强烈描绘"要干成这样"的愿望,每天每日都持续思考,如果愿望强烈到这种程度,目标就一定能实现。为什么这么说呢?这是因为,如果拥有如此强烈的愿望,人就会不知不觉朝着这个方向努力。我称之为"愿望渗透到了潜意识",相比于我们的显意识而言,潜意识拥有巨大的容量,能够帮助我们在不知不觉间达成目标。

我以驾驶汽车为例来说明。大家在刚刚学开车时,都是用觉醒的意识(显意识)开车。这时,驾驶很困难,也容易感到疲劳。但现在学会以后,每次踩刹车,方向盘向左、向右转动等,司机不需要用头脑思考就能驾驶。在无意识中就能驾车,这就是潜意识在起作用。

如果仅仅使用显意识,那么只要开车一两个小时,人就会非常疲劳。但实际上,大家即使在开车两三个小时之后,也能静下心来,正常工作。一般来说,这叫"习惯了",但所谓"习惯了",就是潜意识在工作。即使以觉醒的意识考虑其他事情时,仍然可以轻松地驾驶汽车。就是说,只要进入了潜意识,就能自动朝着既有的方向前进。

经营也是一样,只要在心中怀抱"要干成这样"的强烈愿望,持续不断地反复思考,就会在不知不觉间朝着这个方向努力。在这个过程中,就会获得新的灵感和启迪,就会产生"应该这样做""应该那样干"的创造性思维。

例如，在销售疲软的时候，如果苦苦思索如何解决，达到夜不能寐的程度，就一定会获得解决问题的灵感，进而找到方法和策略。这与头脑是否聪明无关，而取决于在多大程度上持续思考"要干成这样"。

特别是在激烈动荡的时代，心中怀有达到强烈程度的愿望，渗透至潜意识的持久愿望，就会成为重要的指针。同时，不管遭遇怎样的萧条，不管直面怎样的环境，都不能失去乐观的心态，要始终积极向上，怀着梦想和希望，抱着朴实之心不断前行。因为公司里有很多员工，如果领导者寡言内向、阴沉忧郁，那么组织就会走向衰微。所以，我希望大家始终保持积极乐观的心态，大声诉说梦想和希望，带领大家不断前进。

尤其源于悲观、阴暗、冷漠和乖僻的思维方式的言论都是禁句，即便在平和、一帆风顺的时候也是禁句，更何况在今后十年激烈动荡的社会环境中，更是绝对的禁句。

不管是自己的人生、家庭，还是自己的企业，都要时时以积极正面的心态去思考。我相信，只要心怀梦想和希望，就一定能开拓美好的未来。我过去的人生也证明了这一点。

（1990年）

45 坚定相信，下定决心

> 人如果甘于马马虎虎的生活方式，结果就会让自己成为一个马马虎虎的人。所以，我下定决心："凡事绝不马虎迁就，坚决做正确的事，不管遭遇怎样的责难，不管前路有多艰难，都要朝着山顶垂直攀登。"

创办京瓷之前，我在松风工业的研究部门工作。在那里，我最初开发出的产品是一种新的人工矿物烧结体，名为镁橄榄石，也就是精密陶瓷的制成品。

约在一年前，美国的 GE 公司成功合成了镁橄榄石。因为镁橄榄石在高频电流下性能优越，于是，我们开始将其商业化，用于电子工业的绝缘材料，这在日本是第一次。

当时，我大学毕业仅仅两年，还只是一介研究员，就要指挥 20 多人进行生产。那个时候，公司内部左翼干部领导的工会经常发动罢工。我至今依然记得，为了免受罢工的影响，持续生产镁橄榄石，我们坚守在生产车间里。不是公司要求我们这么做，而是担心因为罢工会导致交货中断，进而失去客户。那样的话，好不容易才实现商业化的研究成果，将会付诸东流。

另外，在人员录用和安排方面，由于我与公司的方针不一致，双方也经常发生冲突。一方面，我的行为被工会视为异端，受到工会的激烈攻击。另一方面，我又受到公司干部的责难。在这种孤立无援的状态下，不过是一介普通员工的我，在罢工的高潮中，却坚守在车间，正可谓"四面楚歌"。

日复一日，我一边工作，一边又陷入了烦恼：忠实于自己的信念，拼命想做正确的事情，可不但周围的工会成员气势汹汹，对我横加指责，而且还得不到公司干部的理解。在他们眼里，我是在做不必要的、多余的事。

一段时间里，每当夜深人静时，我都会来到工厂后面的小河边，在树下陷入沉思。有一次，我理不出头绪，于是找到比我年长五六岁的前辈，向他请教应该如何应对这种情况。这位前辈很善于与周围的人相处，说话做事一向四平八稳。

他告诉我说，我的处事方式过于直截了当，以至不被周围的人所理解，所以引发了摩擦。他开导我，人生中需要积极意义上的妥协。也就是说，直截了当、严肃认真的生活态度，并不是所有人都能理解的。他教育我，生活中需要融通和妥协。我觉得，他讲的果然有道理，或许他说的生活态度才是正确的。

那时，我脑海中浮现出了自己正在攀登高山险峰的场景。我要瞄准的是山顶。我意识到，自己带领着小团队，正在尝试垂直攀登。

当然，我对于工厂的运营还并不熟悉，就如同还没有掌握高超的攀岩技术一样。但尽管如此，面对垂直耸立的岩壁，我还是从正面发起了挑战。跟随我的人，看到突起的岩壁，无不畏怯害怕。其中有人中途离队，也有人稍加攀爬就很快掉落，围观的人对我们更是大加指责。前辈口中所说的妥协，意思是不必垂直攀登那悬崖峭壁，而是改走山脚下平缓的斜坡，带着团队缓步向前，最后迂回到达山顶。我想，他是想告诉我，这才是登山更聪明的办法。

然而，面对耸立的岩壁，我虽然明知垂直攀登的危险性，也知道这样做未免莽撞，但我还是想采用这样的方式。当时，我没有选择平缓的登山道路，而且现在依然如此，这是为什么呢？

为了让自己带领的团队不感到恐惧，或是为了防止大家在长期的艰难攀登中中途放弃，尝试采用迂回的方式缓慢前行，或许是更为聪明的办法。然而，我也是一个脆弱的人，如果避难就易，采用缓慢登山的方式，在长达几年的行进过程中，恐怕就会忘记当初想要登临险峰的目标。甘于轻松，溺于享乐，可能就不会再去想挑战登顶的目标。即使没有忘记目标，途中意识到自己至今还没爬多高，就会想"虽然年轻时的目标是登顶，但现在好不容易爬到了这里，也算可以了"，就此中途放弃。我想象到自己会是这种心态。

人如果甘于马马虎虎的生活方式，结果就会让自己成为一个马马虎虎的人。所以，我下定决心："凡事绝不马虎迁就，坚决做正确的事，不管遭遇怎样的责难，不管前路有多艰难，都要朝着山顶垂直攀登。"

（1985年）

46 明确设定具体的目标

> 如果目标太多，自己的精神和心力就会分散，绝对难以集中。所以，首先要具体地确定一个明确的目标。如果无论如何都要达成这个明确目标的强烈心愿发挥了作用，那么就如同已然成功实现了目标一样。

有个名叫保罗·J·迈耶的美国人，他在一部分人中知名度很高。他很自负地说，从年轻时起一直到今天，自己设定的目标全都达成了。小时候，他设定了从事某项运动的目标，并朝着这个目标不断努力，最后创造了杰出的纪录。长大进入大学后，中途退学，开始销售人寿保险，结果成了全美第一的销售员。他挑战了各种事情，全部都获得了美国第一的成绩。

他曾经详细分析过自己之所以成功的原因，并将其汇编成书，制成磁带，传播给全世界希望成功的人。迈耶先生所讲的内容和我经常讲的内容是一样的，就是"首先要明确设定自己人生中'想做这个'的目标，也就是设定具体的目标"。换言之，为了获得成功，最为重要的就是明确设定具体的目标。

所谓目标设定，并不是这也想做，那也想做，设定很多目标，而是只设定一个目标。如果目标太多，自己的精神和心力就会分散，不可能集中。首先，要具体地确定一个明确的目标。我经常说："设定目标，如果无论如何都要达成这个目标的强烈心愿发挥了作用，那么就如同已然成功实现了目标一样。"

就是说，人生目标的设定必须是明确的，例如，自己想成为什么样的人物，想要干成什么样的事情等。不是"既想成为这样的人，又想成为那样的人"这种支离破碎、游移不定的目标，而是"自己的人生就想这样度过"的清晰目标。而且，不能是遥远未来的模糊目标，而必须是定下具体期限的目标，诸如"多少年后要做成这样的事情"等。

接下来，为了达成目标，就必须相信自己一定能行。也就是说，自己的能力是无限的，必须从心底相信这一点。为什么？因为谁都不相信自己的能力是无限的，所以才无法达成目标。只要努力，自己的能力可以一步一步无限提升，这一点必须相信。

希望大家相信，自己现有的能力是可以通过拼命努力、拼命学习而不停顿地提升发展的。希望大家朝着设定的目标孜孜不倦、持续不懈地付出努力。

（1982年）

47 致领导者们——首先确立卓越的哲学！

不管在哪个领域，但凡成为世界第一的企业，都一定有具备卓越思维方式的领导者。因为共有这种卓越的思维方式的团队，营造了相应的企业文化和公司氛围，所以才能够到达"世界第一"的目标。

我 27 岁时，连经营的"经"字都不理解，就带领着大家像玩过家家一样，创办了京瓷这家公司。虽然当时京瓷还是一家字面意义上的"零碎企业"（即小微企业——译者注），我却向员工提出了这样的问题：

"是让这家零碎企业始终保持零碎企业的样子呢？还是将它做成稍大一点的京都的中小企业呢？公司做到什么程度才算是成功呢？该把这家公司做成什么样子呢？"

当时还没多少员工，但一开始，我就设定了目标："现在虽然是一家吹口气就会倒的零碎企业，但是，我想把京瓷这家公司做成陶瓷领域世界第一的企业。"

这样一来，问题就来了："为了成为世界第一的陶瓷厂家，需要构建什么样的企业文化，需要塑造怎样的公司风气呢？"

后来，我用登山做比喻，向员工们讲解这个道理："假设我们是登山家，问题就成了要登什么样的山。例如，我对大家说'让我们成为世界第一的陶瓷厂家'，如果我真是这么想的，那就相当于要攀登世界最高峰珠穆朗玛峰，如果是在日本的话，就是在冬季攀登日本的阿尔卑斯山。要登上这样的山峰，既需要相当程度的训练，也需要攀登雪山的装备，甚至还需要掌握攀岩技术，否则峭壁悬崖就无法攀登。

"如果嘴上说着'让我们成为世界第一的陶瓷厂家'，结果却像徒步旅行俱乐部的人在晴天外出攀登附近的小山那样，轻装上阵，那就不可能攀登上述的高峰。所以我认为，首先要确定，自己想要攀登哪座山。只要确定了自己想要攀登的山，那么就需要与之相适应的哲学，也就是登山所需要的最基本的思维方式。如果想要攀登险峻的珠穆朗玛峰，那么凭着像攀登小山丘那样的轻松心态，一边散步一边攀登，那当然是不行的。"

我认为，在世界第一的企业中，不管在哪个领域，都一定有具备卓越思维方式的领导者。因为共有这种卓越的思维方式的团队存在，才营造了与之相应的企业文化。所以才能够到达"世界第一"的目标。如果缺少了这样的"装备"，就不可能到达世界第一的目标。

所以，如果认为"KDDI 终究无法匹敌 NTT，以现在的这种努力程度，慢慢往前走就行"，这或许也行。然而，如果觉得虽然"在日本的通信行业中还没有成为第一，但是今后一定要成为凌驾于 NTT 的、日本第一的通信企业"，那就必须构建超越 NTT 的企业文化和公司氛围，否则，超越是不可能的。

我认为，必须明确自己想去哪里，并确立与这个目标相适应的哲学，就是说，首先必须确立达成自身目标所需的思维方式。作为企业，就必须建立与自身目标相适应的、卓越的哲学和思维方式。

（2002 年）

附录·出处一览

本书主要内容严选、拔萃自"稻盛资料馆"收录的稻盛和夫的演讲讲话记录,特别是"经营者的领导力"的相关内容。在对标题和摘要重新做出补充和修正后,编辑成书。关于书中各项内容的出处,特做如下标注。文中的企业名称和个人姓名等均按出处记载,并在括弧内做简单注释。

1. 1973 年 8 月 8 日　金融财政事情研究会
2. 1984 年 2 月 2 日　京瓷雅西卡事业本部销售部门员工教育
3. 1986 年 7 月 11 日　关西同台经济恳谈会
4. 2013 年 3 月 18 日　日本航空第 11 次"领导者学习会"
5. 1993 年 6 月 14 日　"盛和塾"京都·滋贺·福井联合塾长例会
6. 1995 年 4 月 26 日　"盛和塾"千叶开塾仪式
7. 1994 年 2 月 17 日　"盛和塾"冲绳塾长例会
8. 2002 年 10 月 7 日　京瓷"阿米巴经营学习会"
9. 2007 年 2 月 13 日　平和堂创业 50 周年纪念讲演会
10. 2007 年 11 月 8 日　《京瓷哲学手册Ⅱ》讲解会
11. 2003 年 6 月 11 日　"盛和塾"东北地区联合塾长例会
12. 2014 年 2 月 7 日　夏普株式会社讲演
13. 1987 年 9 月 12 日　"京都盛友塾"塾长例会

14. 1985 年 9 月 12 日　　"京都盛友塾"塾长例会

15. 1999 年 6 月 15 日　　"盛和塾"关东地区联合塾长例会

16. 2005 年 8 月 10 日　　"盛和塾"关东地区联合塾长例会

17. 1995 年 4 月 26 日　　"盛和塾"千叶开塾仪式

18. 1985 年 9 月 12 日　　"京都盛友塾"塾长例会

19. 2013 年 11 月 25 日　　"盛和塾"中部地区联合塾长例会

20. 2008 年 5 月 13 日　　"盛和塾"中部·东海地区联合塾长例会

21. 2005 年 4 月 12 日　　纽约日本人社区讲演

22. 1996 年 9 月 4 日　　"盛和塾"冲绳塾长例会

23. 2010 年 8 月 23 日　　日本航空羽田机场部门讲话

24. 2009 年 2 月 18 日　　《京瓷新哲学手册》讲解会

25. 1980 年 2 月 19 日　　京都市中小企业指导所讲演

26. 2003 年 8 月 25 日　　日经企业领导者论坛 2003

27. 1973 年 9 月 3 日　　京都经济同友会讲演

28. 1990 年 8 月 8 日　　ERCO 公司干部讲演

29. 2000 年 8 月 26 日　　"盛和塾"第 8 届全国大会

30. 2007 年 2 月 26 日　　"盛和塾"四国地区联合塾长例会

31. 1983 年 10 月 28 日　　九州经济同友会大会

32. 2010 年 1 月 20 日　　"盛和塾"夏威夷开塾仪式

33. 2010 年 12 月 3 日　　"盛和塾"西日本地区忘年塾长例会

34. 2017 年 7 月 20 日　　"盛和塾"第 25 届世界大会

35. 2012 年 4 月 9 日　　日本航空第一次"领导者学习会"
36. 1983 年 3 月 28 日　　京瓷定期校招员工入职仪式
37. 1976 年 9 月 27 日　　计划科学研究所"特别研讨会"
38. 1989 年 10 月 18 日　　三和银行新任分行行长研修会
39. 1977 年 3 月 28 日　　京瓷定期校招员工入职仪式
40. 2004 年 9 月 15 日　　京瓷社内讲演会"经营十二条"
41. 2004 年 9 月 15 日　　京瓷社内讲演会"经营十二条"
42. 2010 年 5 月 6 日　　"盛和塾"关西地区联合塾长例会
43. 1990 年 7 月 13 日　　为年轻员工讲授京瓷哲学
44. 1990 年 12 月 3 日　　京瓷第 18 届"国际经营会议"
45. 1985 年 6 月 10 日　　京瓷第 7 届"国际经营会议"
46. 1982 年 5 月　　京瓷社内杂志"敬天爱人"卷首语
47. 2002 年 9 月 15 日　　KDDI 讲演会

译者导读
领导力的本质

本书内容来自日本"稻盛资料馆"所收藏的稻盛和夫先生历年的演讲和讲话，集萃了其中关于"经营者的领导力"的相关部分。

关于"领导力"这个课题，不管东西方，自古以来都有大量研究和探讨，因为人类组织化的生存方式、人类社会内部的竞争结构，已经决定了这个课题的重要性。

当今社会，人类生存高度商业化、组织化、系统化、科学化、全球化，我们身边的一切都在发生着从未有过的剧烈变化。身处这样一个令人眼花缭乱的全新时代，如何才能成为优秀的领导者，以带领组织求得持续的生存和发展？这是当代领导者们正在迫切寻求答案的问题。

然而，尽管斗转星移，时代变迁，但只要人性不变，领导力的本质就不会变。只要能够抓住本质，那么不管身处哪个时代，面临怎样的环境和问题，就都能回归原点，化繁为简，做到老子所说的"执古之道，以御今之有"。

关于"领导力"这一课题，西方管理学强调"激励人心""共启愿景""挑战现状""使众人行""以身作则"等内容，但领导力的本质究竟是什么？众说纷纭，未有定论。

纵观稻盛先生的一生，无论在商业领域还是社会领域，可以说都展现了无可比拟的卓越领导力。稻盛先生说："真正的领导者应该是'以爱为根基的反映民意的独裁者'。"本书的所有内容，可以说都是这句话的诠释，借助这样的具体诠释，可以帮助读者透过重重复杂现象，直达领导力的本质。

本书的第一部分是"统领众人之心"。稻盛先生认为，要打造一家卓越的企业，与钱和物等物质条件相比，人心才是根本所在。而要凝聚大家的人心，领导者本人就需要"摒弃私心""不断提升自己的哲学和理念""与员工建立家人般的关系"，展开"大家族主义经营"，并追求"全体员工的幸福"。

这与西方基于个人主义、契约精神基础之上的企业观有巨大不同，超越了契约，构建了劳资一体的关系。领导力的内涵也因此大不相同。

但与此同时，稻盛先生并不认同中国传统文化中集体主义价值取向所附带的，"不患寡而患不均"的平均主义思想，称之为"恶平均"。他认为，在以"大家族主义"展开经营的同时，要用"实力主义"评价和教育组织成员。这个"实力主义"既不同于西方企业的"绩效主义"，也不同于中国计划经济时代的"平均主义"，而是要求用更大的信息量对员工的真正实力和贡献进行评价，把结果、过程，甚至发心都纳入考核评价的体系，从而达成更为高效、精准和公平的价值判断。这个价值判断体系又明显呈现出西方的科学精神和"机会公平"的价值取向。

第二部分"拓展事业之心"，重点阐述的是，领导人带领企业展开对外运作时，应该遵循怎样的价值观。

稻盛先生认为，治企和为人一样，必须贯彻正确的为人之道，也就是"用正确的方法将正确的事情贯彻到底"。这就需要"回到起点思考问题""从本质出发思考和判断事物"，并给出了"做出正确判断的思考流程"。同时，稻盛先生认为，应该"光明正大地追求利润"，明确了企业追求利润的目的和意义，因为用正确的方法获取利润，是"杰出的社会行为"，因此"所获利润的幅度，正是所付出努力的'勋章'"。

接着，文中给出了正确获取利润的思路，即"不追求浮利"，也就是绝不投机取巧，而是通过在本业中额头流汗，付出努力，为社会创造价值，从而获取利润。进而又给出了方法，就是不断思考如何"销售最大化，费用最小化"。而且，对于已经获取的利润，稻盛先生也指出了应该如何使用，就是要努力增加内部留存，以"守护员工的生活"，同时"未雨绸缪，防备萧条"。

此外，稻盛先生还以自己为例，指出了如何用获取的利润，在企业经营之外，为社会做出贡献，也就是"散财有道"。

第三部分"激活组织之心"，主要阐述激活组织，点燃众人的方法。首先，要把员工视为伙伴，"与伙伴甘苦与共"。"绝不背叛大家的信赖"，充分且持续地调动全体员工的积极性，"大家共建卓越企业"。

其次，稻盛先生强调，要实现"全员参与的经营"。这里说的"全员参与"，不是一般意义上理解的每个人都在工作，而是要让所有员工都站在企业经营者的角度思考问题并付诸行动。这与西方企业中管理层与员工之间泾渭分明的"管理者与被管理者"组织方式有巨大的不同。

与此同时，在实现"全员参与"的同时，需要统一大家的基础价值观，企业才能"形成合力"，提升组织能力，创造更大价值。"统一价值观"这个议题，在西方企业中往往讳莫如深，这可能与其固有文化中强调思想自由的基因有关。但稻盛先生认为，既然大家有缘在同一家企业工作，就有必要在作为人最为基础的价值观层面实现统一，而这并不妨碍所谓的思想自由。而一旦大家最基本的思维方式统一了，就能减少内耗，统一方向，大幅度提升组织效能。

稻盛先生并不是单方面对大家提出要求，而是真心诚意地把公司视为全体员工共同拥有之物，毫无私心地向员工公开企业经营的实际情况和基本数据，将其称为"玻璃般透明的经营"。他认为，只有在这样的基础上，才能"确立光明正大的企业氛围"，经营者也能借此戒除私心，进一步提高心性。

第四部分是"开拓未来之心"，主要阐述为了不断成长发展，领导者必须遵循怎样的思维方式。其中着重强调了两点：分别是"重视独创性"和"设定高目标"。

这两者的来源其实是共通的。稻盛先生指出"无论挑战什么创新性的事业，其源泉只有一个，就是热情。"领导者需要将这种热情付诸每天的行为，带动全体员工"每日创新"。"从事创造性的工作，不需要复杂的技术，只要努力对你现在所从事的工作不断钻研创新，改良改善。"同时，要成为"有知识的野蛮人"，不断开拓，不断挑战。

"设定高目标"也是一样，稻盛先生认为"成长之力的源泉是梦想、愿望和愿景"，达成高目标的关键在于"渗透至潜意识的强烈而持久的愿望"，而在此之前，就要"具体设定明确的目标"。同时，要设定高目标，就需要"明确与之相应的哲学"，也就是"首先必须确立达成自身目标所需的思维方式"。

通读本书，我们会发现，稻盛先生对于"领导力"这个课题的认知，反映了他一直以来"追究事物本质"的思维方式，不断深入，探究本质。本书分别从统领众人、拓展事业、激活组织、开拓未来这四个方面，阐述领导者的立身之道和处世之术。围绕"领导力"这个课题，构建了东西合璧的观念体系，并给出了实践方法。

人是观念的产物，伟大的观念塑造伟大的人物，塑造伟大的组织，塑造伟大的时代。没有正确的观念，就无法产生正确的实践。从某种意义上来讲，本书中稻盛先生所论述的，就是与"领导力"这一课题相关各种观念，而这些观念的来源，实际上就是领导者本人的"心"。所以，一言以蔽之，领导力的本质在于领导者的"心"。身为领导者，只要不断提高心性，就能拥有正确的观念，就能展开正确的实践，就能带领组织在激烈的竞争中走向成功。这一中心思想在本书的书名中也得到了呼应。

我相信，只要能够真正接受稻盛先生的观念，并正确地加以实践，不断地提高领导者本人的心性，不断帮助团队成员提高心性，那么不管潮流如何变化，面对的问题如何困难，身负时代使命的领导者们，一定可以找到方向，带领团队不断开拓更美好的未来。

曹寓刚
2022 年 9 月 15 日 于上海